Rebecca Serrao & Sophia Kissling

MAMA HALBLANG!

1. Auflage April 2024

Veröffentlicht im Trabanten Verlag
Berlin, April 2024

ISBN: 978-3-98697-067-3

www.trabantenverlag.de

Rebecca Serrao & Sophia Kissling

MAMA HALBLANG!

Ein Mutmacher für dein neues Leben als Mutter

Für all die Mütter, die fürchten,
mit ihren Gedanken allein zu sein

Inhalt

TEIL 3: MITTEN IM CHAOS

TEIL 4: ANGEKOMMEN?

Vorwort – kein Ratgeber, sondern deine Mama-Freundin

Wir fallen am besten gleich mit der Tür ins Haus, denn als Eltern haben wir wenig Zeit. Wir sind keine Expertinnen, Hebammen, Psychologinnen, Kinderärztinnen oder Pädagoginnen. Du hältst hier kein Fachbuch und keinen klassischen Elternratgeber in der Hand.

Wir sind zwei Freundinnen, die beide mit 25 Jahren das erste Mal Mutter wurden und das Riesenglück hatten, einander rechtzeitig über den Weg gelaufen zu sein. Keine Ahnung, wie wir das sonst alles geschafft hätten. So entstand auch die Idee für dieses Buch:

Wir wollen dir nicht von oben herab erzählen, wie dieses Muttersein funktioniert; das finden wir immer noch selbst heraus. Wir wollen uns zu dir ins Boot setzen und dir zeigen, dass du nicht allein rudern musst. Es gibt gerade in den harten Phasen des Mutterseins wenig Schlimmeres als das Gefühl, im wahrsten Sinne des Wortes mutterseelenallein mit deinen Problemen und deiner Gefühlsachterbahn zu sein.

Als wir 2020 die positiven Schwangerschaftstests in der Hand hielten, waren wir in unseren Freundeskreisen die ersten, auf die das Großprojekt „Mama sein“ zuraste. Kennengelernt haben wir uns über unseren gemeinsamen Arbeitgeber. Sophia hatte damals schon einen sehr runden Bauch und Rebecca gerade das erste Trimester hinter sich gebracht. Erst tauschten wir uns nur über Schwangerschaftsbeschwerden, Ängste und die bevorstehenden Geburten aus. Heute, vier Jahre später, hat Rebecca zwei kleine Kinder, Sophia steht kurz vor ihrer zweiten Geburt – und unsere Freundschaft ist lebenswichtig für uns geworden.

Wie alle werdenden Mütter hatten wir vor unseren ersten Geburten überhaupt keine Ahnung, was uns erwartete. Gerade eben waren wir noch Sophia und Rebecca – nur mit Baby im Bauch. Und plötzlich waren wir Mütter. Nicht nur unser Alltag, auch unsere Persönlichkeiten wurden auf den Kopf gestellt.

Mehr noch als Tipps von Expertinnen, wie man ein Kind richtig wickelt, badet oder später mit Wutanfällen umgeht, haben wir in unserer neuen Rolle jemanden gebraucht, der uns emotional auffängt. Niemand kann das besser als eine Frau, die das, was einen selbst durchschüttelt, ebenfalls erlebt hat. Gefragt ist jemand, dem du von jedem noch so verrückten Moment erzählen kannst, und der daraufhin nicht fragt: „Was meinst du?“, sondern antwortet: „Ich weiß.“

Dieses Buch soll genau das für dich sein: eine Mama-Freundin. Eine Freundin, die dich hin und wieder mit ein paar harten Wahrheiten konfrontiert, aber ohne dir Angst zu machen. Eine Vertraute, die dir Geschichten aus dem echten Alltag mit Kind erzählt, ohne den Anspruch zu erheben, alles besser zu wissen.

Wir können mit diesem Buch nicht all deine Probleme lösen. Stattdessen machen wir Folgendes: Wir lassen unsere Hosen runter, so richtig. Wir erzählen von unseren ganz persönlichen Herausforderungen der Mutterschaft, psychisch wie physisch. Es wird um traumatische Geburten, chaotische Reisetage, durchgebrüllte Autofahrten und durchwachte Nächte gehen. Wir reden über Schwangerschaftskilos, die nicht verschwinden wollen, knappe Paar- und Me-Time, und die Frage, ob das Stillen wirklich für jede Familie das Beste ist.

Wir werden dir in jedem Kapitel beschreiben, was wir aus unseren Herausforderungen gelernt haben – in der Hoffnung, dass du das ein oder andere mitnehmen kannst – oder dich wenigstens nicht mehr fragen musst, ob du die Einzige mit diesem Problem bist. Denn keine Mutter sollte diese wilde Reise alleine beschreiten müssen.

In diesem Sinne: Hosen runter, Dehnungsstreifen raus, hier wird nicht geflunkert.

TEIL 1:
NOCH GANZ AM ANFANG

Das perfekte Alter – warum junge Mutterschaft nicht das Ende der Welt ist

Sophia

Mit zarten 24 Jahren war ich schwanger mit meinem ersten Kind. Um ein Klischee gleich zu Anfang in die Tonne zu hauen: Nein, es war weder ein Unfall, noch war ich zu diesem Zeitpunkt selbst noch ein Kind. Warum junge Mutterschaft trotzdem so oft auf Unverständnis trifft? Weil es heutzutage nicht mehr die „Norm" ist. Mit 24 Jahren gehöre ich – genauso wie Rebecca – nämlich nicht zum deutschen Durchschnitt. Im Jahr 2020 waren Frauen in Deutschland bei der Geburt ihres ersten Kindes durchschnittlich 30,2 Jahre alt. Zehn Jahre zuvor lag das Durchschnittsalter noch bei 29,0 Jahren. Der Trend zur immer späteren ersten Geburt zeigt sich in ganz Europa.[1]

Zugegeben, eine Familie zu gründen, ist nicht leicht – selbst wenn der eigene Kinderwunsch klar und deutlich an die Tür klopft. Um mit Anfang 20 das erste Kind zu bekommen, muss man den richtigen Partner am Start haben, über gemeinsame finanzielle Stabilität verfügen, und vor allem Lust auf Verantwortung für einen kleinen Menschen haben, dessen Bedürfnisse man für eine Zeit lang über die eigenen stellt. Dass viele in unserem Alter dafür entweder nicht bereit sind oder darauf schlicht und ergreifend noch keine Lust haben, ist völlig verständlich. Ich erzähle euch in diesem Kapitel, wie es bei mir dazukam und warum ich glaube, dass das Leben mit Kind – wie häufig suggeriert – nicht vorbei ist.

Im biologisch perfekten Alter

Ein generelles perfektes Alter für Kinder gibt es nicht. Diese Entscheidung muss jeder für sich selbst treffen. Biologisch betrachtet, gibt es den perfekten Zeitpunkt aber sehr wohl: Zwischen 20 und 30 Jahren stehen Frauen im Zenit der Fruchtbarkeit. Ab 30 Jahren sinkt die Fertilität kontinuierlich – ab 35 sogar deutlich. Gleichzeitig steigt die Zahl der Eizellen mit schlechter Qualität. Durch die abnehmende Eizellqualität steigt die Häufigkeit von Fehlgeburten.[2] Mein Ehemann und ich lernten uns kennen, als ich 20 und er 25 Jahre alt waren. Geheiratet haben wir mit 23 und 28.

Der richtige Partner an meiner Seite

Apropos Ehemann: Nicht jeder, der in unserem Alter in einer Beziehung ist, denkt dabei automatisch an eine Zukunft mit Hochzeit und Kind. Warum war das bei mir der Fall? Die ersten drei Jahre verliefen nicht ohne Hürden, denn wir mussten zwischen Berlin, Hamburg und Bonn pendeln. Hier bewies er Verantwortungs- und Pflichtbewusstsein, denn wir sahen uns (vor allem durch seine Anstrengung) fast jedes Wochenende. Ich entschied mich, nach seiner Bestärkung, für ein zusätzliches Studium und er ließ sich versetzen – so konnten wir endlich zusammenziehen. Einige Paare sehen die erste Phase des Zusammenwohnens als „Test" dafür, wie gut man miteinander auskommt. Für uns bedeutete die erste gemeinsame Wohnung, dass wir endlich aufatmen konnten, nachdem unsere Beziehung lange genug der Belastung des Pendelns ausgesetzt war. Für uns war klar: Wir fühlen uns so sicher miteinander, dass nun alles andere kommen darf.

Adieu Berliner Party-Phase

Ich hatte nicht das Gefühl, etwas zu verpassen. Wir wohnten idyllisch ruhig außerhalb Berlins und einige Jahre wildes Großstadtleben lagen bereits hinter mir (in Berlin fängt man früh damit an, musst du wissen – genauso früh ging ich in Party-Rente). Ich habe jeden Club und jede Bar von innen gesehen, genügend unverbindliche Menschen kennengelernt, und den Dreck und Lärm der Stadt satt. Mit Anfang 20 den Großstadt-Burnout zu erleben, das schafft man nur, wenn man in Berlin geboren wurde.

Flexibilität und genügend Karriereoptionen

Unser erstes Kind wurde in der Endphase meines Studiums geboren. Das ermöglichte mir maximale Flexibilität, während der sichere Job meines Mannes für finanzielle Stabilität sorgte. Ich war an keinen Arbeitgeber gebunden, dem ich im Laufe der Schwangerschaft gerecht werden musste, oder der mir nach der Elternzeit im Nacken saß; ich arbeitete lediglich als Freelancer. Ich konnte also alles rund um mich und das Baby frei gestalten. Zudem stand und stehe ich ganz am Anfang meiner Karriere – mir stehen noch alle Türen offen und ich habe viel Raum, mich zu entwickeln. So entsprangen Rebeccas und meine Selbstständigkeit mit dem Podcast und auch diesem Buch ja nur einer Sache: unserer Mutterschaft.

Ein Reihenhaus war mir erstmal Schnuppe

Erst das Haus im Grünen, der Hund und dann das Kind? Von wegen! Was in der Vorstellung schön klingt, braucht man in der Realität nicht unbedingt. Wir wohnten in einer kleinen 2-Zimmer-Wohnung, als unser Sohn zur Welt kam. Dann zogen wir in die etwas größere Nachbarwohnung, in der unser Sohn trotzdem noch kein eigenes Kinderzimmer hatte. Jetzt wohnen wir in einem Haus mit Garten zur Miete. Es muss nicht erst das Eigenheim gebaut und das Kinderzimmer eingerichtet werden, bevor man bereit für Kinder ist. Es geht auch ein paar Nummern kleiner.

Das Leben fängt gerade erst an

„Mit dem ersten Kind ist das Leben erst mal vorbei", hörte ich in meiner Schwangerschaft. Da müsse man sich viele Jahre ganz, ganz hintenanstellen. Und ich bin hier, um dir zu sagen, dass das nur die halbe Wahrheit ist. Denn natürlich drehen sich vor allem die ersten, intensiven Jahre fast ausschließlich um den Nachwuchs. Aber du darfst dir dein Leben auch mit Kind so gestalten, wie du es gerne möchtest. Du hast die Kontrolle über dein Leben nicht an der Krankenhaustür abgegeben. Ich sehe in meiner „frühen" Elternschaft außerdem viele Vorteile:

1. Die Nächte können hart sein, aber ich bin noch richtig fit und stecke diese gut weg.

2. Bald sitzen Rebecca und ich abends auf der Terrasse und trinken Aperol Spritz, während bei anderen die Babyzeit erst losgeht.

3. Die Mutterschaft hat mir, so sehr wie nichts anderes, zu persönlichem Wachstum verholfen. Mich in meiner neuen Rolle zurechtzufinden,

setzt ungeahnte Kräfte frei und lehrt mich in jedem Streckenabschnitt unendlich viel. Diese Metamorphose hätte ich so schnell und so intensiv ohne Kinder sicherlich nicht erlebt.

4. Dieses Leben gibt mir Sicherheit. Mein Mann und ich leben ein geregeltes Spießer-Leben im besten Sinne. Mich plagen keine Fragen mehr danach, wo ich im Leben eigentlich hingehöre. Wir können ungefähr absehen, was die nächsten Jahre mit sich bringen – und freuen uns darauf.

5. Auch, wenn mir das vorher einige einreden wollten, ist nichts unmöglich geworden, nur weil ich ein Kind habe. Städtetrip, Outdoor-Abenteuer, Festivalbesuch, neue Hobbys ausprobieren, oder eine Selbstständigkeit aufbauen – das sieht vielleicht alles etwas anders aus als ohne Kind, aber ich kann meine Träume dennoch verwirklichen.

6. Vielleicht werde ich eine junge Oma sein und kann meine Kinder dann in ihrer Elternschaft mit voller Kraft unterstützen.

Mein schmerzhafter Start – Babyfieber, Fehlgeburten & Scheiß-Sprüche

Sophia

Es hat dich erwischt – das Babyfieber. In jeden Kinderwagen, an dem du vorbeigehst, lugst du heimlich hinein. Du bist neidisch auf schwangere Frauen und guckst verstohlen auf deren runde Bäuche. Babyfieber kommt immer, um zu bleiben – wenn nicht sogar, um dich besessen zu machen. Dein Partner und du seid euch einig: Jetzt wird scharf geschossen.

Ein Viertel unseres Frauenlebens lang wird uns eingeredet, dass wir nur durch einen zu tiefen Blick in die Augen schwanger werden können. Niemand sagt uns, dass die Kinderwunschzeit traumatisch werden kann. So hielt ich meinen ersten positiven Schwangerschaftstest in den Händen, lief eine Woche lang überfordert, aber glücklich umher und wurde kurz darauf von einer starken Blutung überrascht. Meine Frauenärztin reagierte mit Leichtigkeit: „Oje, das passiert ganz häufig. Der Körper regelt nicht funktionale Schwangerschaften schnell selbst. Beim nächsten Mal klappt es!“ Frühe Abgänge sind tatsächlich häufig. Etwa 25 Prozent aller Schwangerschaften in den ersten 12 Schwangerschaftswochen enden in einer Fehlgeburt.[3] Das kann heutzutage nur als Abort interpretiert werden, weil es mittlerweile sehr sensible Schwangerschaftstests gibt, so meine Frauenärztin. Früher sei man von einer verspäteten, starken Periode ausgegangen. Ob das so viel besser war, wage ich zu bezweifeln.

Den nächsten positiven Test hielt ich drei Monate später in den Händen. In meiner Zyklus-App eingegeben, bat die App mir an, sich auf den Schwangerschaftsmodus umzustellen. Glückwunsch-Popup mit Feuerwerk. Eine Woche drauf: Krämpfe, Schmerzen, Blutung. „Das sei nun aber wirklich ein Pech“, sagte meine Ärztin, die nichts mehr auf dem Ultraschall sah. Doch aller guten Dinge sind Drei. Ich verstehe, warum eine Gynäkologin sich mehr wie eine Trainerin mit Trillerpfeife an der Seitenlinie verhält als wie eine Heilpraktikerin, bei der man sich vor Beginn der

Session erst in Ruhe ein Aromaöl aussuchen darf. Man muss die Kinderwunschpatientinnen bei Laune halten. Auf diesem oft langen und beschwerlichen Weg braucht es eine Fachkraft, die einen Plan hat und alle Statistiken kennt. Die einen empathisch aber distanziert und führend an die Hand nimmt. Als Gegenpol können eine psychologische oder spirituelle Begleitung, ein spezielles Kinderwunsch-Coaching oder auch die Begleitung durch eine Hebamme bei einer Fehlgeburt Gold wert sein.

Mit den mehr oder weniger motivierenden Worten entließ mich meine Frauenärztin in einen lang ersehnten Urlaub mit meiner Schwester. Dort sollte der eigentliche Horror erst beginnen. Schon auf dem Flug nach Sardinien hatte ich einseitige Schmerzen im Unterleib. Die Schmerzen wurden im Laufe des Abends immer stärker, sodass ich mit improvisierten Wärmflaschen aus großen PET-Flaschen und heißem Wasser aus der Leitung und Schmerzmitteln schlafen musste.

Als ich am nächsten Morgen beim Frühstück fast ohnmächtig vor Schmerzen und Unwohlsein wurde, machten wir das größte Krankenhaus der Insel ausfindig und bretterten mit unserem Mietwagen eine Stunde durch italienische Dörfer und Felder. In der Notaufnahme mit einem Übersetzer auf dem Smartphone verständigt, wurde ich direkt auf die gynäkologische Station geschleust. Eine junge Ärztin schaute mit dem vaginalen Ultraschall eine zerreißende Ewigkeit nach, bis sie eine Kollegin hinzu bat, mit der sie eine weitere Ewigkeit nachschaute. Diagnose: gravidanza extrauterina – zu deutsch: Eileiterschwangerschaft.

Den mitleidigen Blick der zwei kompetenten und sehr lieben Ärztinnen, als ich heulend und nach Luft japsend vom gynäkologischen Stuhl glitt, werde ich nie vergessen. Meine schlimmsten Befürchtungen wurden wahr. Noch im Flugzeug dachte ich, dass das Allerschlimmste, was jetzt passieren könnte, eine Eileiterschwangerschaft inklusive Operation wäre. In dem Moment habe ich mich selbst mit dem Gedanken beruhigt, dass die schlimmsten Ängste ja sowieso nie wahr werden.

Ich sollte eines Besseren belehrt werden.

Nach der Operation

Eine Vollnarkose mehr, eine nicht funktionale Schwangerschaft und einen Eileiter weniger, begann meine Genesung auf der Wöchnerinnenstation im Krankenhaus auf Sardinien. Die stärkste und längste Blutung paarte sich mit einem Hormonabfall, der mich in eine depressive Stimmung versetzte. Von sieben Tagen Urlaub war ich sechs Tage im Krankenhaus. Wir nahmen unseren regulären Flug zurück nach Hause. Die Wochen und Monate danach waren schwierig für mich: Der unerfüllte Kinderwunsch, die traumatische Erfahrung der Operation im Urlaub und der Verlust der Hälfte eines mir so heiligen Fortpflanzungsorgans beschäftigten mich mental rund um die Uhr. Ich kontaktierte das nächste Kinderwunschzentrum, um mich beraten zu lassen. Dort wurde ich von einem freundlichen Team an die Hand genommen, welches mir die Zuversicht und Führung gab, die ich in dieser einsamen Zeit brauchte. Dort wurde nicht lange gefackelt und mein Zyklus analysiert. Dazu wurden mir zu drei exakten Zeitpunkten meines Zyklus' Blut abgenommen und unterschiedliche Werte bestimmt.

Es war alles in bester Ordnung, weshalb wir einen Schritt weitergingen: Mit einem Ultraschallgerät wurde überprüft, auf welcher Seite mein Eisprung bevorsteht, denn auf der Seite ohne Eileiter waren meine Eierstöcke für die natürliche Befruchtung leider nutzlos. Dann die Erleichterung: Eisprung auf der richtigen Seite! Nochmal Blut abnehmen, um hormonell zu bestimmen, ob mein Körper den Eisprung schon ausgelöst hat, oder ich mir dafür selbst eine Spritze geben kann. Am gleichen Tag ein Anruf: „Ihr Körper hat den Eisprung selbst ausgelöst, schnappen Sie sich so schnell es geht Ihren Ehemann, und dann gerne mehrmals." Daran muss man sich erst einmal gewöhnen. Schwanger geworden bin ich in diesem Zyklus leider nicht. Und bei diesem Versuch im Kinderwunschzentrum blieb es erstmal, denn uns stand ein ereignisreicher Sommer bevor, der uns von all dem Stress ablenken sollte. Wir heirateten inmitten der Pandemie, erst ganz intim, nur zu zweit beim Standesamt, wenige Wochen darauf mit vielen Gästen und einer riesigen Party in einem abgelegenen Hotel. Es folgte ein Urlaub mit Freunden und unsere Flitterwochen. In diesen ganzen Wochen habe ich mir selbst erlaubt, lockerzulassen. Ich habe Alkohol getrunken, gegessen, worauf ich Lust hatte, und mir vorgenommen, mich erst wieder gegen Ende des Jahres mithilfe des Kinderwunschzentrums um Nachwuchs zu kümmern. Aber das Leben hatte andere Pläne: Schon in den Flitterwochen waren wir unwissentlich zu dritt. Ein perfektes kleines Wesen wurde uns vom Himmel geschickt und feiert jetzt schon seinen dritten Geburtstag. Ganz ohne Kinderwunschbehandlung, die unser Kind nicht weniger wundervoll gemacht hätte, deren Ausbleiben uns aber viel Stress erspart hat. In dieser ganzen Zeit gab es Worte und Gesten, die mich aufgebaut haben, und Worte, die mich verletzt haben:

Sätze, die mir wehgetan haben:

- × Wenigstens weißt du, dass du überhaupt schwanger werden kannst.
- × Du bist doch noch so jung.
- × Irgendwann wird es schon klappen.
- × Vielleicht soll es dann jetzt noch nicht sein.
- × Stress dich doch nicht so.

Worte und Gesten, die mich aufgebaut haben:

- ✓ Wie geht es dir?
- ✓ Erzähl mir mehr, was genau ist passiert? Wie lange probiert ihr es schon?
- ✓ Das tut mir alles so leid. Wenn ich etwas für dich tun kann, gib mir Bescheid.
- ✓ Ein „Gute-Besserung“- Blumenstrauß, -Karte und Pralinen nach der Operation
- ✓ Brauchst du Aufmunterung, Ablenkung, ein offenes Ohr oder deine Ruhe?

Die Angst sitzt mir im Nacken – zittern in der Frühschwangerschaft

Sophia

Positiv. Positiv! Der Test zeigt zwei Linien an. YEEEEES! *„Aber was, wenn es dieses Mal wieder abgeht? Was ist, wenn es wieder eine Eileiterschwangerschaft ist, und dir der zweite Eileiter auch amputiert werden muss? Dann wärst du gänzlich unfruchtbar.“* Mir ist schlecht. Ich kann mich nicht freuen.

Ein paar Wochen später bin ich immer noch schwanger und durfte auf dem Ultraschall bereits einen winzigen weißen Punkt betrachten. Doch meine stetige Begleiterin ist nicht die Freude, sondern die Angst. Sie sitzt auf meiner Schulter und flüstert mir ins Ohr: *Woher willst du wissen, dass alles gut ist? Freu dich lieber nicht zu früh, nachher bist du nur wieder traurig. Im ersten Trimester gehen fast ein Drittel der Schwangerschaften wieder ab, hier ist noch gar nichts sicher. Hast du das starke Ziehen gerade gespürt? Das fühlt sich an wie Periodenschmerz, gleich fängst du wieder an zu bluten.* „Halt's Maul!", möchte ich sie anbrüllen. Gleichzeitig glaube ich ihr.

Seit drei Stunden liege ich paralysiert auf dem Sofa und starre die Decke an, während mir die Angst mein Ohr abnagt. Den Gedanken, dass alles einfach gut wird, kann ich nicht zulassen. *Und was, wenn nicht? Dein Körper kriegt es eh nicht hin, das hat er doch schon bewiesen. Du wirst noch in die Kinderwunschklinik müssen. Das ist der Weg, den das Universum für dich vorgesehen hat. Es soll eben nicht immer alles so einfach für dich sein.*

Gegen Ende des ersten Trimesters platzt mir der Kragen. Ich möchte um jeden Preis Schluss machen mit meiner stetigen Begleiterin. Mit welchem Recht hat sie sich auf meiner Schulter breitgemacht und quasselt mich tagein tagaus voll? Ich möchte mich endlich auf mein Baby freuen können.

Zu diesem Zeitpunkt habe ich schon einiges versucht: Ablenkung durch einen Serienmarathon, Spazierengehen und mit meinen Engsten darüber sprechen. Doch am Ende quäle ich wieder die Suchmaschine auf meinem Handy mit Beschreibungen der leisesten körperlichen Empfindungen, um mich stundenlang durch Erfahrungsberichte oder Expertenbeiträge in Foren und Blogs zu lesen. In meinem nahen Umfeld fallen Sätze wie: „Es wird schon alles gut gehen!“, oder „Schauen wir einfach mal…“. Das hilft mir nicht, denn niemand sieht, wie sehr die Angst mich eingenommen hat – wie bedroht ich mich fühle. Ich brauche Hilfe.

Die für mich alles verändernde Hilfe finde ich verzweifelt auf YouTube, als ich im Suchfeld „Schwangerschaft Ängste Meditation“ eingebe. Eine geführte Meditation mit positiven Affirmationen ändert bei mir vom einen auf den anderen Tag, wie ich über mich und meine Schwangerschaft denke.

Es ist nämlich so:

Uns allen – winzig klein und groß – können zu jedem Zeitpunkt schreckliche Dinge passieren. Wir könnten in diesem Moment tot umfallen oder einen fatalen Unfall haben. Niemand ist sicher vor Schicksalsschlägen und die meisten Menschen erleben im Laufe ihres Lebens furchtbare Überraschungen. Das klingt vielleicht erstmal beunruhigend, aber dahinter steckt ein ganz wesentlicher Gedanke: Ich laufe nicht jeden Tag meines Lebens mit massiver Angst vor allen möglichen Schicksalsschlägen durch die Gegend – Warum sollte ich das also schwanger tun? Es gehört zum Leben dazu und wir haben es nicht in der Hand. Viele Dinge können wir nicht kontrollieren, so sehr wir es gerne würden. Es gibt kein Ganzkörper-Scangerät, mit dem wir den ganzen Tag herumlaufen, das uns versichert, dass alles in bester Ordnung ist. Das bedeutet, dass unser Grundzustand „gesund" ist, bis ein Arzt etwas anderes feststellt. Wir sind nicht die ganze Zeit „potenziell krank" und unser Baby ist nicht dauerhaft „potenziell in Gefahr".

Ich habe meine Machtlosigkeit über die Dinge erkannt und angenommen. Ich konnte gänzlich loslassen und den Zustand „gesund" für mich und mein Baby als wahrhaftig anerkennen. Die ständige Angst ist einem tiefen Vertrauen gewichen: *Ich bin gesund. Mein Baby ist gesund. Meinem Baby geht es gut.*

Mein Körper liefert meinem Kind alles, was es braucht. Ich liebe meinen Körper. Mein Körper kann alles.

Bei vielen Mamas hören die Schwangerschaftsängste nicht mit dem ersten Trimester auf und Meditation ist auch nicht für jede etwas, das ihr hilft. Das ist völlig normal. Schließlich tragen wir ein neues Leben (das, unseres Babys und auch unser neues Leben, unsere neue Zukunft) in uns. Das ist das Größte der Welt und kann ganz schön viel sein – obwohl es im Bauch noch winzig ist.

Was gegen deine Sorgen und Ängste helfen kann:

1. Mit einer vertrauten Person (die gut zuhören kann!) darüber sprechen und konkret formulieren, welche Szenarien sich in deinem Kopf abspielen, und wie es dich fühlen lässt.

2. Deine Gedanken in ein Schwangerschaftstagebuch schreiben. Du wirst mit der Zeit sehen, dass sich einige Themen aus der Vergangenheit, die dich belastet haben, von selbst aufgelöst haben.

3. Offen im Geburtsvorbereitungskurs ansprechen, dass du leider gar nicht entspannt bist. Du wirst dich wundern, wie viele sich dann ebenfalls trauen, über Ängste zu reden.

4. Professionelle Hilfe in Anspruch nehmen (Therapeutin, Hebamme, Doula, Coach, …).

Nestbau – das alles brauchst du (nicht)

Sophia und Rebecca

Perfekt eingerichtete Kinderzimmer blitzen dir in sozialen Netzwerken entgegen, denn der Algorithmus weiß längst, dass du gerade schwanger bist. Es scheint, als seien plötzlich alle außer dir zu Innenarchitekten mutiert. Holzregale in Wolkenform, Deko-Regenbögen, runde Hochflor-Teppiche, und süße, eingerahmte Illustrationen an der Wand treiben deinen Nestbau an. Am liebsten würdest du sofort die virtuellen Warenkörbe füllen. Dinge fürs Baby zu kaufen und das Zimmerchen einzurichten befeuern die große Ungeduld auf das neue Leben. Natürlich sollen unsere Babys nur das Beste bekommen. Gleichzeitig vermitteln uns das Kaufen, Einrichten und das materielle Vorbereiten auf dieses kleine Wesen ein Gefühl von Kontrolle.

Das erste Kind ist eine unumkehrbare Veränderung in unserem Leben. Das kann Unbehagen auslösen, weil wir keine Ahnung haben, was uns erwartet.

Es ist ein bisschen so, als würdest du eine Reise an einen fremden Ort machen, ohne zu wissen, wie dort das Klima sein wird: Da packt man lieber für alle Fälle, anstatt später kalt erwischt zu werden.

Wenn der Nestbau bei dir gerade erst Fahrt aufnimmt und du nicht komplett über die finanziellen Strenge schlagen möchtest, lass dir von mir versichern: Die Läden dort draußen haben auch noch nach der Geburt geöffnet. Wirklich! Ich möchte damit deinen Enthusiasmus auf keinen Fall bremsen, aber dir freundschaftlich zuflüstern, dass du dich vor der Geburt nicht auf alle Eventualitäten materiell vorbereiten musst. Was viele nämlich gerne vergessen, ist, dass unsere Babys kleine Individuen mit eigenen Vorlieben sind. Es gibt unendlich viele Listen für Erstausstattungen mit Dingen, von denen du noch gar nicht wissen kannst, ob sie für dein Baby funktionieren. Was das im Einzelnen bedeutet, gehen wir hier gemeinsam Schritt für Schritt durch.

An diesen drei Punkten kannst du dich beim Kauf der Ausstattung grundsätzlich orientieren:

1. **Pragmatismus ist der richtige Weg**
   Frage dich vor jedem Kauf, ob dir dieses Produkt das Leben leichter machen wird. Sparst du dir dadurch ein paar Handgriffe? Wird etwas körperlich weniger anstrengend?

2. **Qualität statt Schrott**
   Investiere lieber in hochwertige Produkte, die du günstig gebraucht kaufen und später wieder verkaufen kannst.

3. **Lass dich nicht von anderen verunsichern**
   Nimm Tipps an, die dich ansprechen und lass den Rest links liegen. Du kennst dich und deinen Partner am besten. Auch wenn ihr vielleicht noch nicht wisst, wie es ist, Eltern zu sein, kannst nur du einschätzen, was in dein Leben passt und was nicht.

Was heißt das nun in der Praxis? Wo sollst du anfangen, wenn doch alles ach so individuell ist? Ich gehe mit dir in diesem Kapitel schrittweise durch, welche Dinge für uns schon am Anfang unverzichtbar waren, und womit wir ganz unterschiedliche

Erfahrungen gemacht haben. So kannst du ein Gefühl dafür entwickeln, was ideal für eure ganz persönliche Lebenssituation sein könnte.

Kinderwagen

Für Rebecca war er unverzichtbar, für mich war der Kinderwagen fast eineinhalb Jahre lang ein teures, nutzloses Accessoire. Mit allen Mitteln der Überredungskunst habe ich verbal auf meinen Mann eingedroschen, dass wir unbedingt (für Second-Hand-Verhältnisse sehr sportliche) 600 € in die limitierte Edition eines gebrauchten Markenkinderwagens investieren müssen: *„Jeder hat einen Kinderwagen, das braucht man einfach, das ist das Allerwichtigste… Das Design ist so wunderschön, billiger bekommt man sowas nirgendwo.“* Kurz nach der Geburt kam es mir unnatürlich vor, dieses kleine hilflose Würmchen in die riesige Wanne des Wagens zu legen und dem gnadenlosen Holpern über dem Kopfsteinpflaster auszusetzen. Dass mein Sohn den Kinderwagen sowieso bis zu seinem zweiten Geburtstag verschmähen würde, habe ich nicht geahnt. Dass es Kinder gibt, die lieber nah am Körper der Eltern transportiert werden, wusste ich nicht, und die Ratlosigkeit über diesen Umstand hat mich in vielen Momenten in die Verzweiflung getrieben. Zerrissen zwischen dem Wunsch, mein Baby nah bei mir zu haben, und wie jede andere normale Mutter mit Kinderwagen und Latte Macchiato stundenlang durch den Park zu spazieren, hatte ich keine andere Wahl, als mir bei Wind und Wetter einen abzuschleppen.

Tragehilfe: Babytrage / Tragetuch

Die Tragehilfe war nach dem frühen Wochenbett das Transportmittel unserer Wahl. Mein Sohn bevorzugte es, wie ein kleines Känguru fest in meinem Beutel zu hängen. Hier kam ein gebraucht gekauftes flexibles Tragetuch zum Zug, welches sich für die Allerkleinsten gut eignet. Meine Hebamme zeigte mir die zwei wichtigsten Bindetechniken und nach etwas Übung war ich Tuch-Profi. Für meinen Mann war das nichts. Für ihn kauften wir, auch gebraucht, eine Tragehilfe mit verstellbaren Schnallen. Beim nächsten Kind werde ich, sobald ich das frühe Wochenbett gut überstanden habe, zu einer Trageberatung gehen und viele verschiedene Tragehilfen ausprobieren, um die perfekte für uns zu finden.

Bei Rebecca hat das Tragen erst funktioniert, als ihre Tochter ein paar Monate alt war und sie in eine richtige Tragehilfe gepasst hat. Das Tuch konnte sie nie benutzen. Es war nicht so, dass ihre Tochter nicht getragen werden wollte. Bloß wollte sie das NUR auf dem Arm. Frei nach dem Motto: *„Du hast gedacht, du kannst dir das Leben mit einer Trage leicht machen, Mama? NICE TRY! Nicht mit mir!“* Auch später kam die Tragehilfe nur auf kurzen Strecken zum Einsatz. Viel weiter als bis zum Supermarkt um die Ecke und wieder zurück ging die Reise nicht. Der Kinderwagen wurde bevorzugt, was ganz eigene Herausforderungen mit sich brachte, wie schmale Gänge in Läden oder kaputte Aufzüge in Berliner U-Bahn-Stationen.

Beistellbett, Gitterbett, Familienbett

Auch hier schieden sich die Geister bei Rebecca und mir. Das Beistellbett war bei Rebeccas erstem Kind essentiell, bei meinem ersten Kind innerhalb weniger Tage nur Ablagefläche. Wichtig ist es, direkt nach der Geburt eine sichere Schlafumgebung für das Baby bereitzustellen. Ob es das Beistellbett, welches man auf Höhe des Elternbettes wie einen kleinen Babybalkon befestigen kann, ein eigenes Gitterbett oder das Familienbett ist – auf ein paar sehr wichtige Dinge kommt es an, wenn es um die Verhütung des plötzlichen Kindstodes geht.

Wichtig an dieser Stelle zu erwähnen: Die Deutsche Gesellschaft für Schlafforschung und Schlafmedizin e. V. empfiehlt in ihrem offiziellen Leitfaden für den sicheren Babyschlaf, dass das Baby im Zimmer der Eltern, jedoch in einem eigenen Bett schläft. Das Familienbett wird ausdrücklich nicht empfohlen. Viele Kinderärzte weichen in ihren Empfehlungen von diesem Punkt der Leitlinie ab. Bitte klärt das individuell ab. Wir fassen euch die darüber hinaus wichtigsten Punkte zum sicheren Babyschlaf am Ende dieses Kapitels zusammen.

Saisongerechte Babykleidung

Die Vorfreude wächst, während du die niedlichen winzigen Outfits mit gespitzten Fingern auf den Wäscheständer hängst. So klein soll ein neuer Mensch sein? Tappe hier nicht in die Falle, bei H&M für wenig Geld viel Schrott zu kaufen. Ein Neugeborenes braucht keine Schuhe, kein Kleid, auch kein Hemd mit Fliege und Weste.

Investiere lieber in etwas weniger, dafür hochwertige und besser temperierende Kleidung aus Wolle/Seide. Wickelbodys haben sich bei uns beiden bewährt, da man sie nicht über den Kopf ziehen muss. Ein Wollfleece-Anzug für draußen ist ein treuer Begleiter für frische Tage und eine dünne Mütze oder Haube sollten Neugeborene auch im Sommer tragen. Die Läden haben, wie oben schon erwähnt, nach der Geburt auch noch geöffnet. Ihr könnt euch aus dem Wochenbett heraus in Ruhe weitere Ausstattung bestellen, wenn ihr wisst, was fehlt und ihr gerne nutzt.

Ein warmer Ort zum Wickeln

Wir schlagen uns bitte alle die perfekt eingerichtete und süß dekorierte Wickelkommode aus dem Kopf, die wir bei unseren liebsten Influencern sehen, und gehen das Thema pragmatisch an. Du kannst dein Baby auch auf dem Sofa oder Bett wickeln, oder einen Wickelaufsatz für deine Waschmaschine kaufen. Du brauchst keine perfekte Wickelkommode. Vor allem dekorative Textilien könntest du schnell bereuen, denn die erste Windelexplosion wird nicht lange auf sich warten lassen. Wichtig ist, dass der Ort warm ist und dein Baby auf einer weichen Unterlage liegt. Wir haben eine Heizlampe gebraucht gekauft und diese über einer Kommode mit Wickelaufsatz montiert. Ein gut beheiztes Badezimmer tut es genauso. Es ist wichtig auch für Sommerbabys einen warmen Wickelort zu haben, da Neugeborene ihre eigene Körpertemperatur nicht selbst halten können. Sie haben eine sehr dünne Haut und sind stetige 37 Grad aus der Gebärmutter gewöhnt. Für die Babypflege haben sich bei uns zu Beginn weiche große Wattepads mit einem Schuss Mandelöl und warmes Wasser bewährt. Unterwegs kamen

Wasser-Feuchttücher ohne Zusätze zum Einsatz. Du brauchst keine hundert Cremes für dein Baby. Deine Hebamme oder Kinderärztin wird dir die richtige Pflege empfehlen, sobald dein Kind den Bedarf danach hat. Ein Babyfieberthermometer mit flexibler Spitze für den Po ist dagegen unverzichtbar. Die Temperatur ist bei Säuglingen ein wichtiger Indikator und kann in den ersten Monaten nur rektal genau gemessen werden.

Federwiege

Der heilige Gral oder hypermodernisierter, überteuerter Schrott? Mit nur einem Kind gehörte die Federwiege für Rebecca noch zur zweiten Kategorie: Wer braucht denn so einen Quatsch für so viel Geld? Das alles änderte sich schlagartig, nachdem ihr zweites Kind geboren war. Jetzt fand sie sich jeden Nachmittag in folgender Situation wieder: Das Kleinkind kam aus der Kita heim, wollte toben, essen, fernsehen, baden – dazwischen lag ein kleines Baby mit einem sensiblen Schlafrhythmus. Kleinkind- und Babygeschrei klatschte in Stereo auf Rebeccas Trommelfell und kratzte überaus penetrant

an ihrem Nervenkostüm, das durch unterbrochenen Nachtschlaf sowieso schon bröckelte. Wir verneigen uns vor allen Müttern, die in so einer Situation überhaupt noch einen einzigen klaren Gedanken fassen können. Rebecca konnte es ganz oft nicht.
In dieser Lebenslage fiel die Entscheidung, eine Federwiege auszuprobieren. Eine Entscheidung aus purer Verzweiflung, da sind wir ehrlich mit euch. Mittlerweile kann sich Rebecca ein Leben ohne diesen „hypermodernisierten Schrott" nicht mehr vorstellen: Baby rein, Wippen anstellen, Boom, Baby schläft – und Rebecca kann sich in Ruhe um ihr Kleinkind kümmern. An der Stelle, wo wir im Alltag gerne ein extra Paar Hände hätten, ist die Federwiege der ideale Ersatz.

Erstausstattung auf einen Blick

Das brauchst du direkt nach der Geburt

- sichere Schlafumgebung und Ablagefläche fürs Baby
    - Beistellbett / Familienbett / Gitterbett

- feste Matratze mit Spannbettlaken ohne Falten
- Baby schläft nur auf dem Rücken
- eigener passender Schlafsack fürs Baby
- keine Stofftiere, Decken, Kissen, Bettumrandungen, Stoffhimmel, Nestchen
- alle sind nüchtern, rauchen nicht, nehmen keine Medikamente ein, die den Schlaf beeinflussen
- möglichst kühle Raumtemperatur

- rückwärtsgerichteter Autositz (Tipp: Erst im Fachgeschäft ausleihen, dann mit Baby zusammen eigenen kaufen)
- saisongerechte Babykleidung
- ein paar Mulltücher / Spucktücher
- ein warmer Ort zum Wickeln mit weicher Unterlage
- eine Packung Windeln oder Stoffwindel-Set
- Wasser-Feuchttücher ohne Zusätze oder sanfte Waschlappen und Wasser

- eine Wundschutzcreme
- Baby-Fieberthermometer mit flexibler Spitze

Das kann bis nach der Geburt warten

- Kinderwagen und/oder Tragehilfe
- Federwiege (kann man auch ausleihen)
- Babybadewanne
- Babywippe
- Utensilien zum Babyentertainment
- Fläschchen-Ausstattung, wenn du stillen möchtest
- Schnuller

Das finden wir überflüssig

- hübsche Textil-Umrandung für den Wickeltisch
- Sterilisationsgeräte bei gesunden Kindern
- endlos viele Babypflegeprodukte
- Badethermometer

TEIL 2:
IN DER SCHWEBE

Mutter ohne Gefühl – vom Geburtstrauma zum Leben mit einem Neugeborenen

Rebecca

Meine Finger schweben schon eine ganze Weile über der Tastatur. Um mich herum brummt ein Café voller Leben. Immer wieder schaue ich vom Bildschirm auf, versuche mich zu konzentrieren. Dieses Kapitel habe ich auf meiner Liste an Texten immer weiter nach unten geschoben. Ich habe es auch schon gelöscht und dann doch wieder aufgenommen. Diesen Text zu schreiben, fällt mir schwer. Zum einen, weil er persönlicher ist als die meisten anderen Kapitel in diesem Buch. Zum anderen, weil ich nicht will, dass meine Tochter dieses Kapitel irgendwann liest und denkt, es hätte eine Zeit gegeben, in der ich sie nicht geliebt hätte – es wäre einfach nicht wahr. Dennoch konnte ich diese Liebe in den ersten Monaten nach der Geburt höchstens erahnen. Sie war da und doch nicht da – überdeckt von einem Gefühl der Taubheit, wie ich es noch nie erlebt hatte. Ein Gefühl, das mir heute noch, während ich hier im Café sitze und mich an diese Zeit erinnere, die Tränen in die Augen treibt.

Würdest du meinen Mutterpass vor dir haben, sähst du Folgendes: Blutdruck immer normal, mütterliche Gewichtsentwicklung okay, das Baby entwickelt sich wochengerecht, ist gut ins Becken gerutscht, eine Woche nach dem errechneten Geburtstermin wird das Kind vaginal entbunden. Alles prima, zumindest auf den ersten Blick.

Aber wenn ich neben den Mutterpass mein Notizbuch von damals legen würde, entstünde ein anderes Bild: Meine Schwangerschaft war geplagt von Ängsten. Ich fürchtete mich sehr davor, dass dem Kind in meinem Bauch etwas passieren könnte. Im Roman „Und wir tanzen, und wir fallen" von Catherine Newman beschreibt die Protagonistin ihre Ängste in der Schwangerschaft ungefähr so: Es ist, als würdest du versuchen, ein rohes Ei auf einem Löffel über steiniges Geröll zu balancieren. Genauso fühlte ich mich. Mich durchströmte eine lähmende Anspannung, nur einen falschen Schritt, eine falsche Bewegung machen zu müssen, und schon würde mir das Ei vom Löffel rutschen und auf dem Boden zerschellen. Ich konnte die Geburt kaum erwarten, weil ich die Last der Angst endlich loswerden wollte.

Meine Fruchtblase riss mittags zu Hause im Bad. Erst später im Krankenhaus setzten die Wehen ein. Zehn Zentimeter muss sich der Muttermund öffnen, bis Kopf, Schultern und Körper durchpassen. Als ich bei sieben Zentimetern angekommen war, wurde es schlagartig unerträglich. Bis dahin hatte ich ungefähr 18 Stunden Wehen hinter mir. Wie sich später herausstellte, lag meine Tochter minimal falsch im Becken. Es war eine Frage von wenigen Millimetern, die dafür sorgten, dass sie sich nicht richtig in den Geburtskanal drehen konnte. Millimeter! Absurd! Aber es ist nun mal so: Geburt ist ein fein ausgeklügelter Prozess. Hakt es an einer Stelle, kann es kritisch werden.

Dann fielen die Herztöne meiner Tochter ab. Das kleine Organ schlug plötzlich immer langsamer. Die Ärztin und Hebamme fingen an, sich direkt vor mir darüber zu streiten, wie ernst die Lage sei. In einer Wehenpause fragte ich, was denn los sei, aber niemand reagierte. Nachdem ich ein zweites, dann ein drittes Mal nachfragte, stammelte die Hebamme, dass schon alles gut sei. Aber ich merkte, dass sie nicht die ganze Wahrheit sagte. Panik breitete sich in mir aus. „Kann mir jemand sagen, ob mein Baby gerade stirbt?“, wollte ich schreien, da packte mich schon die nächste Wehe. Die Schmerzen waren so stark, dass ich die Orientierung verlor. Da war nichts mehr, außer diesem Schmerz. Ich kapitulierte innerlich. Jede Wehe traf mich wie ein Faustschlag und rang mich zu Boden. „Bitte, bitte, bitte, mach, dass es aufhört! Ich kann nicht mehr, ich kann das nicht!“, flehte ich schluchzend um Hilfe. Es war, als hätte jemand einen Gürtel um meinen Bauch geschnallt und würde mit aller Kraft zuziehen. Gleichzeitig schien mein Körper in der Mitte auseinandergerissen zu werden. Irgendwann fühlte ich mich nicht mehr wie ein Mensch, der Arme und Beine hat. Ich löste mich auf, und der einzige Beweis für meine Existenz war der Schmerz.

Die Erinnerung an die Geburt durchzuckte mich in den Monaten danach immer wieder wie ein heftiger Stromschlag. Mein Schmerzgedächtnis war gnadenlos. Als hätte mir jemand aus dem Nichts eine Elektroschockpistole an den Nacken gehalten, zogen sich ruckartig meine Schultern hoch, und mein ganzer Oberkörper schüttelte sich erschrocken. Das passierte ohne Vorwarnung, während ich unter der Dusche stand, einkaufen ging oder gerade meine Tochter wickelte.

Dank einer PDA und der Hebammen im Kreißsaal war mir ein Kaiserschnitt zwar erspart geblieben, und meine Tochter kam gesund zur Welt. Aber die Bedingungen im Krankenhaus nach der Geburt machten die ohnehin schon traumatische Erfahrung noch schlimmer. Aufgrund der Corona-Einschränkungen durfte mein Mann nur eine Stunde am Tag bei uns sein. Ich musste meine ersten Schritte als Mutter allein machen. „Mutterseelenallein" im wahrsten Sinne des Wortes.

Als mich meine Tochter in der vorletzten Nacht im Krankenhaus das vierte Mal weckte, weinte ich vor Erschöpfung, Einsamkeit und Überforderung so heftig, dass die Krankenschwester auch ohne

Rufknopf auf mich aufmerksam wurde. Erschrocken erschien sie in der Tür. Wie ein ängstliches Kind saß ich kauernd in der Zimmerecke auf dem Fußboden, Beine herangezogen, Arme verschränkt auf meinen Knien. Meine Tochter schrie nebenan in ihrem Beistellbett. Alles in mir wehrte sich: gegen die Situation, gegen dieses neue Leben, gegen diese Aufgabe. Meine Kehle war zugeschnürt, und in meinem Brustkorb staute sich so viel Druck, dass ich dachte, er würde gleich aufbrechen. Ich konnte nicht aufstehen und mich um mein Kind kümmern. Ich wusste, ich muss. Ich wusste, sie hört nicht auf zu schreien, wenn ich nicht zu ihr gehe, und ich wollte so sehr, dass sie aufhört. Ich ertrug dieses Geschrei nicht. Mein Verstand brüllte mich an: „Steh auf, steh auf, steh auf!“ Doch mein Körper gehorchte nicht – und die Krankenschwester nahm mein Neugeborenes auf den Arm.

Ich weinte viel, nicht nur in dieser Nacht, sondern auch, als wir endlich wieder zu Hause waren. Wenn ich mal nicht weinte, fühlte ich mich wie benommen oder schämte mich. Wenn ich meine Tochter anschaute, wusste ich auf rationaler Ebene, dass sie das Wichtigste ist. Aber ich wusste nicht, was ich fühlte. Ich nahm alles wie durch ein Milchglasfenster wahr, selbst mein Kind. Was war ich bloß für eine Mutter? Weil ich keine Wahl hatte, funktionierte ich. Ich wickelte sie, weil ich musste. Ich machte neue Fläschchen, zog sie an, stand nachts auf und schlief nie mehr als neunzig Minuten am Stück – weil ich es musste. Das war keine liebevolle Hingabe. Das war Mechanik. Ein Job. Eine To-do-Liste.

Sechs Wochen nach der Geburt wurde meine Frauenärztin zwar kurz hellhörig, als ich ihr beschrieb, wie es mir ging. Meinen seelischen Wunden schenkte sie dennoch keine Beachtung. Auch therapeutische Hilfe, die mir sicherlich geholfen hätte, legte sie mir nicht nahe und mir fehlte die Kraft, danach zu fragen. Stattdessen stellte meine Ärztin zufrieden fest, dass sich mein Körper gut erholt hatte. Auf dem Ultraschall meinte sie zu sehen, dass meine Gebärmutter so aussehen würde, als sei mein Zyklus schon wieder in vollem Gang. „Mensch, da steht dem nächsten Kind ja nichts mehr im Weg“, sagte sie fröhlich. Mir wurde schlecht. Ich schnappte meine Tochter, die in ihrem

tragbaren Autositz schlief, und fuhr nach Hause.
In dieser Zeit lebte ich nicht, ich existierte nur. Vor der Geburt war ich immer gerne in unserem Stadtviertel in Berlin spazieren gegangen. Als wir hergezogen waren, erinnerte mich der Kiez sofort an meinen Heimatort, und ich fühlte mich zu Hause. Mir gefiel, wie das Sonnenlicht durch die Reihen der Altbauten schien. Jetzt war da eine seltsame Dissonanz zwischen mir und dieser Umgebung. Alles war wie immer, aber etwas stimmte nicht mehr. Es war, als wäre mein Leben zu einem dieser Suchbilder geworden, auf denen man einen Fehler finden muss. Und der Fehler war ich. Ich gehörte hier nicht mehr hin, fühlte mich fremd – in diesem Kiez, in meinem Leben und in mir selbst.

Es dauerte ungefähr vier Monate, bis ich das Gefühl hatte, wieder Boden unter den Füßen zu haben. Weitere zwei Monate, bis ich merkte, dass sich mein Inneres stabilisierte. Und es dauerte insgesamt ein Jahr, bis ich wieder das Gefühl hatte, ich selbst zu sein.

Am Anfang bewegte ich mich wie betäubt von Tag zu Tag. Etwas später konnte ich anfangen, die Schläfchen meiner Tochter zu nutzen, um in kleinen Schritten wieder zu mir selbst zurückzufinden: durch Sport, endlos lange Gespräche mit meiner Familie und Freunden. Manchmal tat ich einfach gar nichts, legte mich aufs Bett, schaute aus dem Fenster und erlaubte mir, einfach nur zu sein. Die Aufgaben einer Mutter waren auf der einen Seite zwar eine riesige Herausforderung, weil sie mir kaum Zeit ließen, das Geschehene zu verarbeiten. Auf der anderen Seite hielten sie mich wie eine Beschäftigungstherapie wahrscheinlich davon ab, noch tiefer in das schwarze Loch zu fallen, das sich nach der Geburt aufgetan hatte.

Jedes Mal, wenn meine seelischen Wunden ein kleines Stückchen mehr verheilten, spürte ich förmlich, wie etwas in mir einrastete. Als hätte ein kleines Rädchen endlich wieder Kontakt zum nächsten gefunden. Stück für Stück richtete ich mich auf. Ich gewöhnte mich an mein neues Leben und die Routinen, die sich mit der Zeit etablierten, taten mir gut. Wo andere sich über zu viel Alltagstrott beschwerten, atmete ich auf. Es half, zu wissen, was mich Tag für Tag erwartete.

Ein großer Wendepunkt war die Elternzeit meines Mannes. Nicht nur, weil ich so zu mehr Pausen und Freiraum kam, sondern weil wir als Familie viel intensiver zusammenwachsen konnten, als es die wenigen Stunden nach seinem Feierabend zuvor erlaubt hatten. In den Momenten, in denen wir zu dritt zusammen waren, verschwand der Graben zwischen meiner Umgebung und mir. Meinen Mann mit unserer Tochter zu sehen, schenkte mir das Gefühl, das ich so dringend gebraucht hatte und dessen vorheriges Fehlen mir jetzt schlagartig bewusst wurde: Geborgenheit.

Es gab nicht den einen Schlüsselmoment, der alles wieder in Ordnung brachte. Es war ein Prozess, der mit Höhen und Tiefen schleichend voranschritt. Ich erinnere mich nicht mehr, wann der erste Tag war, an dem ich meine Tochter im Arm hielt und nichts als Liebe empfand. Aber er kam. Und meine Mutterliebe blieb.

Als ich im Podcast über meine traumatische Geburt und die Zeit danach gesprochen habe, erreichten mich viele Nachrichten, in denen mir Frauen berichteten: „Ich weiß gar nicht, ob ich meine Geburt als traumatisch bezeichnen darf. Sie fühlte sich so an, aber es gibt doch so viele Frauen, die Schlimmeres erlebt haben als ich."

Das verstehe ich, und finde es gleichzeitig sehr schade. Denn natürlich findet man immer jemanden, dem „objektiv Schlimmeres" passiert ist. Aber ich würde mich und meine Gefühle verleugnen, wenn ich mir nicht erlauben würde, meine Erlebnisse als das zu verarbeiten, was sie nun mal waren: traumatisch.

Niemandem ist geholfen, wenn dir jemand in einer schwierigen Phase sagt: „Na, jetzt hab' dich mal nicht so, anderen geht es viel schlechter als dir." Zumal traumatische Geburten gar nicht selten sind: Etwa 20 bis 30 Prozent der Frauen erleben ihre Geburt als traumatisch[4], ungefähr vier Prozent leiden anschließend unter einer posttraumatischen Belastungsstörung.[5] Niemand kann ernsthaft so töricht sein, daraus einen heimlichen Wettbewerb spinnen zu wollen, der darüber entscheidet, wer es am schlimmsten hat und sich dementsprechend schlecht fühlen darf.

Stattdessen möchte ich all den Frauen die Hand reichen, die mit mir zusammen nach ihrer Geburt vom Rand der Erde gefallen sind. Du bist nicht allein. Du bist aufgrund deiner Erfahrung keine schlechte Mutter. Es tut mir leid, dass du so eine Erfahrung machen musstest und die Geburt nicht gelaufen ist, wie du es dir gewünscht hast. Lass dir Zeit, suche dir professionelle Hilfe – das ist alles, was ich dir als Ratschlag mitgeben möchte. Ich kann dir nicht sagen, wie lange es dauern wird. Was ich dir allerdings sagen kann, ist: Du wirst das durchstehen. Ganz sicher. Denn als ich Schwangerschaft und Geburt ein zweites Mal erleben durfte, trotzte ich den Schmerzen und der Verzweiflung. In meinen Wunden hatte eine ungeahnte Kraft Wurzeln geschlagen.

Erst reden, dann messen – wie mich die Fürsorge meiner Hebamme fit für die Mutterschaft machte

Sophia

„Du musst ihn noch wiegen“, sagte ich zu Josepha, meiner Hebamme, die auf der Bettkante saß. Es war ihr fünfter Besuch in meinem Wochenbett. Sie antwortete mir in einem beruhigenden Ton, der mich schon durch meine gesamte Schwangerschaft begleitete: „Er schläft gerade so süß, ich möchte ihn nicht wecken. Außerdem sehe ich an seinen runden Bäckchen, dass er zunimmt. Er trinkt oft, er scheidet regelmäßig aus. Es ist alles gut, wir wiegen ihn morgen.“

Diese kleine Szene aus meinem frühen Wochenbett soll dir näherbringen, warum meine Hebamme Josepha ein echter Engel für mich war. Sie hat nämlich das geschafft, was keine andere Person in meinem Umfeld so gut konnte: Sie hat das Vertrauen in meinen Körper und mich gestärkt und mir beigebracht, auf mein Gefühl zu hören.

Schwangerschaft, Geburt und Wochenbett kommen manchmal einer Mathematikklausur näher als den natürlichsten Prozessen der Welt. Der Mutterpass ist voller Zahlen: Es wird gewogen, Blutdruck gemessen, Herztöne abgehört, Knochen- und Organgrößen des Babys mit dem Ultraschall erfasst. All diese Untersuchungen und Messungen gibt es aus guten Gründen. Dank des stetigen medizinischen Fortschrittes werden unsere Babys immer besser versorgt und mögliche Komplikationen frühzeitig erkannt.

Doch wie es mir geht, hat mich meine Ärztin nie ernsthaft gefragt. Dabei ist das Zusammenspiel von körperlicher und seelischer Versorgung wichtig, denn als Erstgebärende war ich gedanklich weniger beim aktuellen Kopfumfang des Ungeborenen und mehr bei der Frage, wie sehr sich mein Leben bald verändern würde.

Meine Hebamme hat die Messungen hinten angestellt und mein Empfinden priorisiert. Bei jeder Schwangerenvorsorge hat sie sich mehr Zeit genommen, als von der Krankenkasse bezahlt wird, und mit mir bis zu 45 Minuten über alles geredet, was mich seelisch bewegte: Werde ich stillen können? Was macht eine gute Mama aus? Wie wird sich mein Mann einbringen können? Ist der Schlafmangel so schlimm, wie alle sagen? Erst nach dem tiefgründigen Gespräch wandte sie sich meinem Bauch zu, hörte die Herztöne meines Babys ab, maß den Fundusstand und Bauchumfang, kontrollierte meinen Blutdruck und mein Gewicht.

Die liebevolle und einfühlsame Betreuung ging im Wochenbett weiter. Als ich wunde Brustwarzen hatte, bastelte sie mir kleine Polster, die ich in den BH legen konnte, und bei einem Milchstau versorgte sie mich mit einer Fußreflexzonenmassage und Quarkwickeln auf meinen schmerzenden Brüsten. Josepha verwöhnte mich durch eine Rückbildungsmassage und strich mit ihren Händen in kontrollierten Bewegungen über meinen Bauch, während mein Sohn neben mir schlief. Es klingt kitschig und esoterisch, aber in diesen Momenten hatte ich das Gefühl, dass Generationen von Frauen-Liebe und Frauen-Wissen durch ihre Hände in meinen Körper flossen. Ich habe mich gefühlt wie eine Heilige.

Meine Hebamme war für mich nicht nur Versorgerin, sondern meine Mentorin. Noch Jahre später hallen wertvolle Sätze, die sie sagte, in meinem Kopf nach. Zum Beispiel, dass es gut sei, wenn ich meinen weinenden Sohn sofort hochnehme, dass er an meiner Brust einschlafen dürfe, wenn das für mich in Ordnung sei. Sie versicherte mir, dass er nicht zu viel Nähe haben könne und hinter jedem Verhalten ein kindliches Bedürfnis stecke. Sie riet mir, eine Liste zu schreiben mit Dingen, die ich nur für mich selbst tun könne, wenn mein Sohn schliefe. Im gleichen Atemzug ermahnte sie mich, dass Essen, Trinken, Schlafen und Duschen nicht dazugehören würden, denn das seien Grundbedürfnisse und kein Luxus.

So lernte ich bereits in den ersten Tagen der Mutterschaft bezüglich meines Sohnes auf mein Gefühl zu vertrauen – und mich dabei selbst nicht zu vergessen. Das hat mich enorm für die bevorstehende Reise als junge Mutter geprägt und gestärkt, wofür ich bis heute dankbar bin.

Ich wünsche allen Mamas dieser Welt eine fürsorgliche Begleiterin, wie ich sie hatte. Ich wünsche dir jemanden, der alle deine Empfindungen als Wahrheit annimmt. Das muss keine Hebamme sein. Es kann deine Mutter sein, deine Schwester oder Oma, eine Doula oder deine beste Freundin. Wenn du, aus welchen Gründen auch immer, gerade niemanden hast, dann findest du hoffentlich in diesem Buch oder in unserer Community die Bestärkung, die dir zusteht.

Im Wochenbett – Zeit für Egoismus

Rebecca

Ich habe zwei Wochenbett-Erfahrungen hinter mir. Die erste war meilenweit von der „Kuschelzeit" entfernt, die einem auf allen Kanälen versprochen wird. Die zweite war alles, was ich mir hätte wünschen können. Eine zentrale Erkenntnis hat dabei den ganzen Unterschied gemacht: die Unterscheidung zwischen „Hilfe" und „Besuch".

Als Schwangere mit meinem ersten Kind halte ich mich ein bisschen zu lange in der Eltern-Bubble auf Instagram auf. Dort finde ich allerlei Posts, die mir erklären, warum es absolut notwendig sei, sich die Außenwelt vom Hals zu halten, wenn man frisch entbunden hat. Die Botschaft lautet ungefähr: „Du bist erschöpft, du blutest wochenlang, du schwitzt durch die Hormonumstellung, du duscht viel zu selten, und du musst erst einmal lernen, wie man stillt, wickelt und ein Baby badet. Da, meine Liebe, willst du nicht auch noch Tanten, Großcousinen und Omas um dich herumspringen haben."

Das klingt damals einleuchtend, besonders für einen eher introvertierten Menschen wie mich. Zu viele Personen und zu laute Geräusche haben bei mir schon immer Unbehagen ausgelöst. In so einer Situation sollte ich mich noch um ein Baby kümmern? Nein, danke. Es erscheint mir logisch, meine Familie darüber zu informieren, dass wir zunächst niemanden nach der Geburt empfangen möchten. Meine Mutter äußert zwar Protest, aber ich bleibe stur. In meiner Vorstellung kuscheln mein Mann, das Baby und ich uns tagelang in unserem privaten Luftschloss ein und keiner darf herein. Die härteste Tür Berlins, noch vor dem Berghain.

Dann kommt die Geburt meiner Tochter und zieht mir den Boden unter den Füßen weg.

Mein Mann musste damals durch eine Verkettung ungünstiger Umstände schon nach zwei Wochen wieder arbeiten. In den ersten Tagen allein mit Baby fühle ich mich so hilflos und einsam wie nie. Mein Luftschloss platzt und ich komme mir unendlich dumm vor. Ich frage mich, wie viele Arme ich mir wachsen lassen soll, um mich um mein Kind, den

Haushalt und mich selbst zu kümmern. Wie viel einfacher alles wäre, wenn ich nur jemanden hätte, der kurz das Baby nimmt… nur für fünf Minuten, damit ich mal in Ruhe auf die Toilette gehen konnte. Also rufe ich kleinlaut meine Mutter an. Einen Tag später sitzt sie neben mir auf dem Sofa und bleibt vier Wochen lang bei uns.

Ziemlich genau zwei Jahre später bringe ich mein zweites Kind zur Welt, meinen Sohn. Die Sonne scheint durchs Schlafzimmerfenster, mein Neugeborenes schläft friedlich neben mir im Nestchen, grunzt ab und zu vor sich hin. Meine Mutter ist schon vor der Geburt angereist, um rechtzeitig meine Große zu betreuen, während wir im Krankenhaus sind. Jetzt ist sie mit meiner Zweijährigen gerade auf den Spielplatz gegangen, und mein Mann bringt mir ein Glas Wasser mit Eis und Zitrone. Ich bedanke mich und nehme einen großen Schluck. Vier Wochen konnte er nach der Geburt zu Hause bleiben, da er sich beinahe seinen gesamten Jahresurlaub für diese Zeit aufgespart hatte. Wir haben uns eine Situation geschaffen, in der für jeden gesorgt wird und jeder Pause machen darf, wenn er nicht mehr kann. Ich erinnere mich bis heute mit einem warmen Lächeln an diese Zeit.

Rückblickend ist mein Fehler so offensichtlich, dass ich mir eigentlich nur an den Kopf fassen kann. Aber hey, ich habe das eben alles zum ersten Mal gemacht. Ich lag zwar richtig damit, dass ich nicht Tür und Tor für alle möglichen Besucher öffnen wollte, die nur schnell meinen Sohn auf den Arm nehmen wollen und dann bereit für Kaffee und Kuchen wären, was selbstverständlich wir hätten vorbereiten müssen. Aber ich habe solchen Besuch mit tatsächlicher Hilfe verwechselt, mich zu sehr von außen bequatschen lassen – und in meinem Unwissen einfach gleich alle ausgesperrt. Ich hatte keine Ahnung, wie sehr ich nach einer Geburt auf ein funktionierendes Nest angewiesen sein würde, um mich sicher zu fühlen und meinem Körper die Zeit zu geben, sich von den Strapazen zu erholen. Wochenbett heißt ja nicht umsonst Wochen*bett*.

Der einzige wichtige Tipp für die erste Zeit nach der Geburt ist meiner Meinung nach also:

Bau dir dein Nest nach *deinem* Geschmack, nicht nach Empfehlungen von Fremden. Behalte *deine* Erholung im Fokus. Unterscheide zwischen Hilfe und Besuch, bereite die jeweiligen Personen freundlich, aber bestimmt darauf vor. Das Wochenbett ist eine Zeit für Egoismus.

Hilfe

Am besten habe ich mich in dieser Zeit immer gefühlt, wenn es einen Erwachsenen mehr als Kinder gab. Wenn dein Partner nach der Geburt lange zu Hause bleiben kann und du sonst – so wie ich ursprünglich – beim ersten Kind niemand anderen sehen willst, kann das schon ausreichen. Solltest du dir einen dritten Erwachsenen mit dazu holen wollen, bereite ihn darauf vor, dass du nicht, wie sonst, Gastgeber spielen wirst. Eine frischgebackene Mutter bewirtet niemanden, umsorgt einzig und allein ihr Baby. Dein „Gast“ ist dafür da, die Spülmaschine auszuräumen, die Vorräte zu prüfen, einzukaufen und alles zu tun, was sonst gerade anfällt.

Besuch

Wenn du keinen Besuch möchtest, ist das völlig legitim. Du musst dafür niemanden um Entschuldigung bitten. Das Wochenbett ist ein Ausnahmezustand, in dem du nur auf dich und deine neue Familie schauen darfst. Du kannst anderen auf die Füße treten. Deren vielleicht verletzter Stolz ist nicht dein Problem.

Wenn du – zu welchem Zeitpunkt auch immer – doch Gäste empfangen möchtest, kannst du Regeln aufstellen.

Hier meine persönlichen Tipps:

1. Niemand kommt unangemeldet.
2. Gäste bleiben nie länger als ein bis zwei Stunden am Stück.
3. Gäste kommen nicht krank, auch wenn es „nur“ eine verschnupfte Nase ist.
4. Niemand schnappt sich einfach das Baby, sondern fragt vorher die Eltern oder wartet, bis

es ihnen angeboten wird.

5. Alle waschen sich zu Beginn gründlich die Hände.
6. Alle bringen Snacks für die Eltern mit – und nicht das hundertste Kuscheltier fürs Kind, das eh noch nichts damit anfangen kann.
7. Alle sind auf spontane Absagen gefasst, falls es Mutter und/oder dem Kind gerade nicht gut gehen sollte.

TEIL 3: **MITTEN IM CHAOS**

Babyschlaf ist unser Endgegner

Rebecca

04:23 Uhr. Das Baby schreit. Hatte ich nicht gerade erst meine Augen geschlossen? Ein verschlafener Blick aufs Handy, das grelle Licht brennt in den Augen: Anderthalb Stunden Schlaf am Stück habe ich bekommen. Es muss das dritte oder vierte Mal sein, dass mein Sohn mich heute Nacht weckt. Sicher bin ich mir nicht. Irgendwann verliere ich im Nebel des Schlafmangels immer den Überblick. Ich taste in der Dunkelheit und suche auf der Matratze das Fläschchen mit Pre-Milch. Mein Sohn nuckelt ein paar Mal daran. Dann finden wir beide wieder in den Schlaf, er schneller als ich. Das Spiel wiederholt sich in dieser Nacht, wie eigentlich in allen Nächten, noch mehrere Male. Einmal liegen zwischen zwei Wachphasen des Babys nur 40 Minuten Schlaf. Um sechs Uhr erklärt mein fünf Monate alter Sohn die Nacht schließlich für beendet. Er lacht und ich schaue ihn fassungslos an: Wie in Gottes Namen kannst du nach dieser Nacht gut drauf sein?

Wie betrunken schäle ich mich aus dem Bett und schlurfe ins Bad. Mein Körper fühlt sich zehn Kilo schwerer an. Aber das kalte Wasser im Gesicht tut gut. Wenigstens für einen Moment fühlt sich mein Gehirn nicht mehr an, als wäre es in Watte gepackt. Nach dem Zähneputzen erkenne ich einen Menschen im Spiegel, lebendig sieht er nicht aus. Ich atme tief ein. Woher soll ich nur die Kraft für diesen Tag nehmen? Jede Zelle meines Körpers schreit nach Ruhe. Dann gehe ich zurück zu meinem Sohn, der mich schreiend erwartet.

So wiederholt sich das monatelang: Auf kurze und zerstückelte Nächte folgen harte Tage. Es ist eine Dauerschleife des Funktionierens und des exzessiven Kaffeekonsums: Jeder Handgriff muss sitzen, auf jedes Babygeschrei muss reagiert, jede volle Windel gewechselt werden. Dabei bitte nicht die Uhrzeit aus den Augen verlieren, denn bald ist schon wieder das nächste Schläfchen des Babys fällig. Gegessen wird irgendetwas, meistens schnell und im Stehen. Zum Duschen komme ich alle paar Tage mal und immer nur kurz. Schwer zu sagen, wann ich das letzte Mal etwas nur für mich gemacht habe. Zwischendurch lacht mich mein Sohn auf eine Weise an, die mich kurz vergessen lässt, wie hart das alles gerade ist. Auch dieses Klischee stimmt also.

Der Schlafmangel ist für mich mit Abstand das Schwierigste am Leben mit Baby. Er ist der Dieb in der Nacht, der mir viel von den Qualitäten raubt, die ich so gerne für meine Kinder abrufen können würde. An vielen Tagen bin ich meine schlechteste Version. Und das Schlimmste ist: Ich weiß es und kann nichts daran ändern.

Laut einer kürzlich veröffentlichten Studie aus Großbritannien dauert es sechs Jahre, bis die Eltern wieder ungefähr so schlafen wie vor der Geburt ihres ersten Kindes.[6] Na, herzlichen Glückwunsch! Dieser Schlafmangel ist nicht nur ein bisschen anstrengend. Eltern – und, ja, vor allem wir Mütter – sind permanent müde und haben andauernd Kopfschmerzen. Wir sind impulsiver, weniger stressresistent und leistungsfähig. Wer so lebt wie wir, hat ein signifikant erhöhtes Risiko, an Depressionen, Bluthochdruck und Herzinfarkten zu erkranken.[7]

Ohne gesunden Schlaf geht also nichts. Und doch müssen wir als Mamas alles geben, jeden Morgen unsere schwindenden Kräfte in den Dienst der Kinder stellen – nicht ein paar Mal, sondern monatelang. Es ist nicht die eine Nacht, die schlecht war. Es ist nicht der eine Tag, den wir nach so einer Nacht fremdbestimmt verbringen. Es ist die schier endlose Kette solcher Nächte und Tage. Kein Wunder, dass Schlafentzug seit jeher eine Foltermethode ist. Niemand hätte mich vor der Geburt meines ersten Kindes darauf vorbereiten können, wie sich das anfühlt.

Ich kann dir nicht sagen, wie und wann dein Kind besser und länger schläft. Diese Ungewissheit gehört zum Elternsein dazu. Bitte wende dich dafür an Experten: deine Hebamme, den Kinderarzt oder auch einen seriösen Schlafberater. Warum ein Baby schlecht schläft – vor allem im ersten Jahr – kann so viele Gründe haben, dass man allein damit ein Buch füllen könnte. Es gibt die kognitiven wie körperlichen Entwicklungsschübe, das Zahnen oder – das ist dann der ultimative Endgegner – die ersten Erkältungen.

Fakt ist: Im ersten Jahr (und oft sogar länger) schlafen die meisten Babys so, dass wir darunter leiden. Hör nicht auf die Mütter, die behaupten, dass ihre Kinder im Alter von zwei, drei Monaten durchschlafen. Über kein Thema wird so viel gelogen wie über Babyschlaf. Dein Kind weckt dich alle 60 bis 90 Minuten? Du siehst morgens im Spiegel aus wie ein Zombie? Willkommen im Club! Du bist nicht allein.

Liebe Mama,
die auch gerade vor Müdigkeit kaum die Augen offenhalten kann, ihr Kind angebrüllt hat und zum dritten Mal diese Woche Tiefkühlpizza in den Ofen schiebt: Ich sehe dich. Ich weiß, du hast vielleicht seit Tagen nicht die Wohnung verlassen, um die idealen Schlafbedingungen für dein Kind herzustellen. Ich weiß, wie einsam du dich in deinen vier Wänden fühlst. Ich weiß, dass du denkst, dass alle friedlich schlafen, während du schon wieder nachts in der Küche stehst und ein neues Fläschchen machst oder an

deinem Still-BH herumfriemelst, um zum zwanzigsten Mal in dieser Nacht zu stillen. Vielleicht hast du niemanden, der sieht, wie schwer du schuftest. Aber ich sehe dich. Auch wenn du uns das nicht glaubst: Es wird besser.

Aber was für eine Mama-Freundin wäre ich, wenn ich dich ohne Tipps aus diesem Kapitel entlassen würden? So überlebst du die Tage nach den besonders schlechten Nächten:

Entrümple den Tag

Heute gehört nichts auf deine To-do-Liste, was nicht lebensnotwendig ist. Unwichtige Termine (ja, auch der Babykurs, wenn er dich anstrengt) werden kompromisslos abgesagt. Musst du wirklich einkaufen, oder reicht heute eine Pizza vom Lieferdienst? Ich weiß, du hast dir selbst versprochen, die Wohnung zu saugen, aber auch das muss heute nicht sein. Der Staub und die Krümel auf dem Boden haben keine Bedürfnisse – du schon. Dein schlechtes Gewissen existiert nur in deinem Kopf.

Hab' keine Erwartungen

Du hast richtig gelesen: Hab' wirklich keine Erwartungen. Wenn die Nacht schlecht war, liegt der Gedanke nahe, dass der Tag ebenfalls nur schlecht werden kann: weil das Kind nur meckert, du den Kaffee verschüttest und auch sonst nichts richtig klappen will. Doch genau aus diesem Teufelskreis kannst du herausfinden. Denk nicht weiter als an die nächsten fünf Minuten. Und danach wieder nur an die nächsten fünf Minuten. Und so weiter. Babysteps, im wahrsten Sinne. So kannst du dich besser auf die jeweilige Situation einlassen, statt dich innerlich dagegen zu wehren und dir permanent auszumalen, welche Konsequenzen dieses oder jenes für den restlichen Tagesverlauf haben könnte.

Fake it, till you make it

Selbst wenn ich mich überhaupt nicht danach fühle, hilft es mir, mich frisch zu machen, um wenigstens so auszusehen, als sei ich ein funktionierendes Mitglied der Gesellschaft. Duschen gehen, leicht schminken, etwas anderes anziehen als die Jogginghose und das

Schlabbershirt: Das kann helfen, den Gespenstern der Nacht ihren Schrecken zu nehmen. Wenn ich es dann noch schaffe, an die frische Luft zu kommen, fühlt sich vieles schon wieder, nein, nicht leicht, aber leichter an.

Gönn' dir

Viele von uns kippen sich nach einer schlechten Nacht drei Liter Kaffee rein. Obwohl das temporär hilft, braucht es an solchen Tagen noch mehr, damit die Glückshormone in Gang kommen. Wie wäre es mit einer dicken Zimtschnecke, die du dir sonst verbietest? Ein großer Cappuccino vom Lieblingscafé statt aus der heimischen Kaffeemaschine? Egal, was dir eine kleine Freude bereitet: Heute ist der Tag für dieses Geschenk an dich selbst.

Bitte um Hilfe

Uns Müttern fällt es oft schwer, um Hilfe zu bitten. Entweder weil wir hohe Ansprüche an uns selbst haben, oder weil uns von außen vermittelt wird, dass wir unseren Kindern schaden würden, wenn wir uns nicht bis zur Unkenntlichkeit aufopfern. Solltest du das Glück haben, dass deine Familie in der Nähe wohnt (und ihr euch gut versteht), frag nach konkreter Hilfe: aufräumen, kochen, saugen, einkaufen, mit dem Baby einen Spaziergang machen, damit du duschen oder etwas Schlaf nachholen kannst. Auf diesen Gedanken wärst du auch ohne dieses Buch gekommen, klar. Aber manchmal braucht es jemanden, der einen auf das Offensichtliche hinweist. Gern geschehen. Hab dabei bloß kein schlechtes Gewissen. Du darfst das.

Lass' los

Gerade was den Babyschlaf im ersten Jahr betrifft, war (und bin) ich häufig auf der Suche nach „dem Fehler", wenn die Nacht schlecht war: Hat er tagsüber zu lange geschlafen oder zu kurz? Waren die Wachphasen zu lang oder zu kurz? War ihm zu warm? Sind es vielleicht doch schon die Zähne? Manchmal gleicht das Nachdenken über den Babyschlaf einer Zwangsstörung, weil wir so dringend die eine Stellschraube finden wollen, mit der es endlich besser wird. Ich habe meinen ganzen

Alltag zeitweise krampfhaft darauf ausgerichtet, den Schlaf meiner Babys zu optimieren. Gebracht hat es nichts, und der Frust war entsprechend groß. Es lohnt sich einzugestehen, dass wir nicht alles unter Kontrolle haben können. Manchmal sind die Dinge einfach chaotisch und das ist okay.

Diese Gedanken haben mir geholfen

1. Ich bin keine schlechte Mama, das ist der Schlafmangel. Ich bin nicht ich, wenn ich müde bin.
2. Mein Baby macht das alles nicht mit Absicht. Es will mich weder ärgern noch manipulieren. Es braucht mich einfach und hat für seine Bedürfnisse noch keine Worte.
3. Wenn es das allerletzte Mal wäre, dass mich mein Kind so braucht wie jetzt: Würde ich dann genauso gestresst reagieren?

Stillen: Ich hasse es. Ich liebe es.

Rebecca und Sophia

Um es vorsichtig zu formulieren: Stillen ist eine ambivalente Geschichte. Es ist nicht nur von Mutter zu Mutter unterschiedlich, sondern von Schwangerschaft zu Schwangerschaft, Kind zu Kind, Tag zu Tag, manchmal sogar von Moment zu Moment. Es scheint daher nur passend zu sein, dass wir dieses Kapitel zweigeteilt erzählen. Erst erzählt Rebecca von den Stillbeziehungen zu ihren Kindern, dann Sophia von ihrer Stillbeziehung zu ihrem Sohn.

Rebecca

Mein erstes Kind, meine Tochter, habe ich nicht gestillt. Mein zweites Kind, meinen Sohn, schon. Beides war ein steiniger Weg.

Ich hatte mir sehr gewünscht, meine Tochter stillen zu können. In der Schwangerschaft stellte ich mir vor, wie eine Mutter selig im Bett liegt, die Sonne scheint durchs Fenster. Sie streichelt ihrem Baby mit einer langsamen, zärtlichen Bewegung über das Köpfchen, während es zufrieden schmatzend an ihrer Brust trinkt. Alles war friedlich und liebevoll in dieser Vorstellung, und kein anderes Bild drückte für mich Mutterliebe so sehr aus wie dieses. Woher diese Vorstellung kam? Social Media. Genauer: Instagram.

Einmal in der digitalen Mama-Bubble angekommen, verging damals kein Tag, an dem meine Timeline mich nicht damit zudröhnte, dass das Stillen das Beste für mein Kind sei und alles andere mich als schlechte Mutter abstempeln würde. Mein Entschluss stand schnell fest: Ich möchte meine Tochter stillen. Soweit die Theorie.

Die Praxis verlief, wie so vieles am Elternsein, anders. Die Geburt drehte mich seelisch durch den Fleischwolf. Ich fühlte mich im Krankenhaus einsam und überfordert. Nach der Geburt ist vor dem Schlafmangel und dem Erlernen des Stillens. Dass letzteres nicht einfach so passiert, wie jede andere körperliche Funktion bei einem gesunden Menschen, war mir vorher nicht bewusst. Niemand hat mir gesagt, dass Stillen etwas ist, das Baby und Mutter zusammen üben müssen. Und selbst dazu kam es nicht.

Schon nach einem Tag begannen die Krankenschwestern auf mich einzureden, dass ich nicht genug Milch hätte und zufüttern müsse. Wie in Trance ließ ich die Schwestern für mich und mein Kind entscheiden. Ich war eine frischgebackene Mutter. Ich hatte keine Ahnung, war verängstigt und brauchte Hilfe. Die wissen schon, was sie tun, dachte ich. So wurde meine Tochter an ihrem zweiten Tag auf der Welt zum Flaschenkind. Als wir an ihrem vierten Tag endlich wieder zu Hause waren, habe ich das Stillen noch versucht, sogar mehrere Wochen lang. Aber meine Tochter schrie bei jedem Anlegeversuch mit voller Kraft, und ich ertrug das bald nicht mehr. Als sie acht Wochen alt war, stellte ich komplett auf Flaschennahrung um.

Heute weiß ich, dass die Krankenschwestern mir nach der Geburt meines ersten Kindes Nonsens erzählt haben. Erstens, weil der Milcheinschuss erst ein paar Tagen nach der Geburt erfolgt und zweitens, weil ein holpriger Stillstart nicht bedeuten muss, dass das Stillen zum Scheitern verurteilt ist. Aber, wie gesagt, damals hatte ich keine Ahnung.

Es gab eine Zeit, in der ich darum getrauert habe, mein erstes Kind nicht gestillt zu haben. Die Erfahrung, die ich zwei Jahre später mit meinem Sohn gemacht habe, hat dieses Gefühl wieder relativiert. Aber der Reihe nach.

Während sich meine erste Geburt über fast zwei volle Tage streckte, dauerte meine zweite Geburt – von einer zähen Einleitung abgesehen – gerade mal anderthalb Stunden. Es ist ein Klischee, aber auf meine traumatische erste Geburtserfahrung folgte nun eine Traumgeburt. Ich brauchte keine PDA, mein Körper erledigte alles allein. Als mein Sohn da war, durfte ich erleben, wie sich dieses „Hormon-High“ nach einer Geburt anfühlt – da waren keine Schmerzmittel im Körper, die diese Erfahrung vernebeln konnten. Ich war völlig euphorisch, stundenlang, und hätte eine Grillparty auf dem Krankenhausgelände feiern können. Es war das tollste Gefühl, das ich je hatte. Auch das Stillen lief problemlos. Das Anlegen klappte wie eine Eins, und mein Sohn trank, als hätte er nie etwas anderes gemacht. Ich hatte weder einen Milchstau noch wunde Brustwarzen. Mit meinen Stillfähigkeiten war ich nach einem verpatzten Start zwei Jahre zuvor jetzt plötzlich in die Champions League aufgestiegen. Stolz wie Oskar ging ich in der Drogerie in den ersten Wochen an den Regalen mit der Pre-Nahrung vorbei und freute mich jedes Mal diebisch, keinen Cent für das teure Pulver ausgeben zu müssen. Alles schien perfekt.

Dann meldete sich mein Autonomiebedürfnis zu Wort. In Elternkreisen wird für das, was ich nach einer Weile immer stärker empfunden habe, gerne der Begriff „overtouched“ verwendet. Das bedeutet übersetzt so viel wie „körperlich überreizt“. Es ist ein Gefühl, das ich vor meinen Kindern überhaupt nicht kannte: ein zu viel an Berührungen. Mein Körper fühlte sich durch das ständige Stillen immer weniger wie etwas an, worüber ich noch selbst bestimmen durfte. Mein Widerwille wurde täglich größer.

Zwischen dem Bedürfnis nach Autonomie und dem Bedürfnis meines Sohnes nach Sicherheit und Geborgenheit – denn das bedeutet das Stillen neben der Nahrungsaufnahme vor allem – entstand ein Graben, der immer tiefer wurde. Der Wille, meinem Bild einer guten Mutter zu entsprechen, verdrängte den Anspruch auf eigene körperliche Integrität lange. Zu lange.

„Stillen ist das Natürlichste auf der Welt", „eine liebende Mutter gibt ihren Kindern alles", „Stell dich nicht an, es ist dein Sohn, der diese Nähe einfordert", „ICH MUSS DAS HINKRIEGEN!" – Diese Sätze rauschten durch meinen Kopf und hielten mich davon ab, mich um mich selbst zu kümmern. Je länger ich das zuließ, desto schlechter wurde meine Laune, bis ich überhaupt nicht mehr die Mutter war, die ich sein wollte. Auch mein Sohn spürte, dass etwas nicht stimmte. Plötzlich fing er an, meine Brust nur noch anzuschreien. Das problemlose Trinken, das ich direkt nach der Geburt erleben durfte, war dahin. Zu diesem Zeitpunkt hatte ich ihn etwa drei Monate lang voll gestillt – aber ich konnte so nicht weitermachen.

Drei weitere Wochen, drei Sitzungen mit einer Stillberaterin und drei lange Telefonate mit meiner Hebamme später habe ich abgestillt. Es war so, als hätte jemand einen Schleier gelüftet. Erst jetzt wurde mir bewusst, wie vernebelt ich durch die Hormone, wie wenig ich zu klarem Denken fähig gewesen war – und wie dankbar ich für meine Familie und Freunde sein konnte, die mich in dieser Zeit begleitet und ausgehalten haben. Eine Zeit lang bekam mein Sohn noch abgepumpte Milch, dann kam das alte, teure Pulver wieder zum Einsatz. Byebye, Champions League. Es war ein Versuch, und der war es wert. Heute geht es mir aber entschieden besser, und ich schaue mit Demut auf die erste Zeit mit meiner Tochter, die ich damals gar nicht gestillt habe. Hätte ich das getan, nach der Geburt, die ich hinter mir hatte, weiß ich nicht, was es mit meiner psychischen Gesundheit angerichtet hätte.

Was will ich dir in diesem Kapitel sagen? Ich will dir auf jeden Fall keine Angst vor dem Stillen machen. Das hier ist nur meine persönliche Erfahrung, die nicht auf dich zutreffen muss. Es gibt so viele Frauen, die das Stillen trotz aller Anstrengung lieben und entsprechend lange stillen. Sophia ist eine davon, sie erzählt ihre Geschichte im Anschluss. Was ich möchte, ist mit alten Glaubenssätzen ins Gericht zu gehen und eine Lanze zu brechen für all die Mütter, die, so wie ich, entweder nicht stillen wollten, konnten oder sich sehr schwergetan haben:

1. Muttermilch ist das Beste fürs Kind, aber…

… das heißt nicht, dass Stillen das Beste für die Familie ist. Wir müssen die großartigen Eigenschaften von Muttermilch nicht leugnen, um gleichzeitig anzuerkennen, dass es Mütter gibt, die das Stillen belastend finden. Auch wenn Muttermilch das Beste für mein Kind wäre, hat mein Sohn mehr davon, wenn ich ausgeglichen bin und liebevoll mit ihm umgehen kann.

2. Du bist keine schlechte Mutter, wenn…

Als ich meiner Stillberaterin nach drei Monaten von meiner Verzweiflung erzählt habe, dachte ich, sie würde jetzt alles daransetzen, das Stillen mit mir auf Teufel komm raus hinzubekommen. Nach dem Motto: Komme, was wolle, am Ende landet dieses Kind an der Brust, basta! Stattdessen fragte sie: „Wie möchtest du dein Kind ernähren?“ Ich wusste nicht, was ich sagen sollte. Sie bemerkte mein Zögern und sagte, sie stelle diese Frage immer am Anfang der ersten Sitzung: „Es geht nicht darum, das Stillen zu erzwingen, wenn du das nicht möchtest. Ich helfe dir auch beim Abstillen, wenn du dich lieber für Milchpulver entscheidest. Dafür sind Stillberaterinnen da.“ Ich war baff und ich wusste immer noch nicht, was ich sagen sollte. Also fuhr sie fort: „Schon in ein paar Jahren wird es keinen Kinderarzt mehr interessieren, ob du dein Kind gestillt hast oder nicht. Dein Kind wird laufen und sprechen lernen, es wird irgendwann ausziehen, einen Beruf erlernen, vielleicht heiraten und Kinder bekommen – egal, ob du es jetzt stillst oder nicht.“ Dann sagte sie einen Satz, für den ich bis heute dankbar bin und den ich dir mitgeben möchte: „Du bist eine gute Mutter, egal, ob du stillst oder nicht.“ Ich habe in diesem Moment angefangen zu weinen.

Endlich hatte mir jemand gesagt, dass ich das nicht irgendwie hinbekommen muss, sondern loslassen darf.

Wenn du dich, wie ich damals, fragst, ob du eine schlechte Mutter bist, weil du gar nicht oder nicht mehr stillen willst, dann lass‘ es mich klar und deutlich formulieren: NEIN.

3. Von wegen faul

Ich weiß nicht, woher das Vorurteil kommt, Mütter seien bei der Ernährung ihrer Kinder faul. Je nach Umfeld wird es stillenden Müttern vorgeworfen – weil sie nachts nicht fürs nächste Fläschchen aufstehen müssen und keine Materialschlacht mit dem Pulver und dem abgekochten, perfekt temperierten Wasser haben. Und es wird Müttern vorgeworfen, die ihren Kindern Milch aus der Flasche geben – weil sie das Füttern auch an andere Personen abgeben können. Beides ist Quatsch. Stillen ist nicht faul, sondern harte Arbeit. Es ist die Aufgabe der körperlichen Autonomie fürs Kind und die Verwandlung in einen menschlichen Schnuller. Bis zu 700 Kilokalorien zusätzlich verbraucht der Körper einer stillenden Mutter am Tag. Wer stillt, schläft für Monate, manchmal Jahre, keine Nacht wie ein normaler Mensch. Jede Frau, die das leistet, verdient Respekt.

Auch wer sich fürs Fläschchen entscheidet, ist nicht faul. Man schaut ständig, ob noch genug Pulver im Haus ist und genügend Flaschen wieder sauber sind. Die angerührte Milch muss immer die richtige Temperatur haben, auch mitten in der Nacht. Bei einem größeren Familienausflug benötigt man nur für die Babymilch eine eigene Tasche. Nichts daran ist faul. Im Gegenteil: Es ist ein weiteres großes To-do in einem Kopf, in dem die Gedanken ohnehin ständig ums Kind kreisen.

Also, egal, ob du schon Mama bist oder noch wirst, ob du dein Kind stillst oder mit dem Fläschchen fütterst, ob du damit zufrieden oder heillos überfordert bist: You do you. Jede so, wie es für sie passt.

Sophia

Die Stillbeziehung zu meinem Sohn begann exakt so, wie Rebecca ihre einst romantischen Vorstellungen zu Beginn dieses Kapitels beschreibt. Nach einer unkomplizierten Geburt und bereits mehrmals geglücktem Anlegen noch im Kreißsaal, kuschelten sich mein neugeborener Sohn und ich wenige Stunden nach der Geburt zu Hause ins frisch gemachte Nest.

Klar, ein wenig Übung war von uns gefordert, damit ich meine Brustwarze richtig halten und er entsprechend andocken konnte – doch abgesehen davon verlief unser Stillstart einwandfrei. Er nuckelte wie ein Weltmeister, was mich mit großem Stolz erfüllte. Drei Tage später schoss die Milch ein und mein Sohn war nach jeder Mahlzeit pappsatt und zufrieden. Schnell waren wir ein eingespieltes Team und die Muttermilch sprudelte schon bei den kleinsten Hungeranzeichen meines Babys los.

In dieser ersten Zeit war ich fasziniert von den symbiotischen Funktionen unserer Körper und glücklich, endlich die Baby-Mama zu sein, die ich mir immer vorstellte zu werden: Mit dem Kind an der Brust nuckelnd, ruhig und beseelt. Dieses einseitige romantische Bild wurde jedoch auch bei mir mit der Zeit etwas getrübt.

Die extreme Abhängigkeit meines Sohnes von meiner Anwesenheit setzte mir immer wieder zu. In der Nacht wollte er teilweise alle 30 Minuten an die Brust und leider bot kein Schnuller dieser Welt eine Alternative. Abends alleine ausgehen? Das konnte ich knicken. Sobald die Sonne langsam unterging, war meine stetige Anwesenheit gefordert.

Trotzdem liebte ich es. Ich erinnere mich noch gut daran, wie ich mich mit einer Mama-Freundin aus dem Geburtsvorbereitungskurs darüber austauschte, wie nervig das Stillen sein kann, wenn das Baby nicht zur Ruhe findet, wie anstrengend es ist, immer allein für die Ernährung verantwortlich zu sein – nur um im nächsten Atemzug zu beteuern, wie sehr wir es auch lieben, so nah und innig mit unseren Kleinen verbunden zu sein.

Ich hatte immer mal wieder aus dem Affekt gesagt, dass ich bald abstillen würde, weil ich mich körperlich und mental stark eingenommen fühlte. Doch bis es wirklich so weit war, vergingen noch viele Monate.

Knapp über zwei Jahre lang hatte ich Kapazitäten dafür, meinen Sohn zu stillen. Dann war wirklich Schluss. Es fühlte sich auch an wie Schlussmachen – es tat mir richtig weh. Ich hatte große Angst davor, unsere enge Bindung zu verletzen. Gleichzeitig konnte ich nicht mehr. Ich erklärte meinem Sohn, dass meine Milch für ihn jetzt für immer alle sei, heulte mir dabei die Augen aus dem Gesicht, und wurde zu allem Überfluss von ihm in seine kleinen Arme geschlossen.

Aus mir, dem trauernden Abstill-Wrack, wurde ganz bald eine neue Sophia mit neuer Kraft. Da wurden Kapazitäten freigesetzt, die ich nicht mehr ahnte zu besitzen. Plötzlich hatte ich Lust, mich im Fitnessstudio anzumelden und wieder Sport zu machen – etwas, woran ich in der Stillzeit keinen Gedanken verschwenden konnte.

Ich musste meinem Sohn gegenüber kein schlechtes Gewissen mehr haben, wenn ich auf seinen Anspruch auf die Brust genervt reagierte. Denn unsere Stillbeziehung war beendet und es war Platz für neue Arten der Verbindung, die ich wieder richtig genießen konnte.

Reisen mit Kind – oder auch: Die kleine Chaos-Theorie

Rebecca

Meine Familie und ich sind – aus mir unersichtlichen Gründen – sehr schlecht darin, Urlaube zu buchen. Irgendwie schaffen wir es jedes Mal, uns in Details zu verstricken, bis wir den Wald vor lauter Bäumen nicht mehr sehen und frustriert alle Tabs mit möglichen Unterkünften auf dem Handy wieder schließen.

Zu unserer Verteidigung: Wir müssen heute, mit Kindern, beim Reisen sehr viel mehr Dinge beachten als früher: Wie kinderfreundlich ist das Hotel? Reicht die Zimmerzahl (unsere Kinder schlafen nicht im Familienbett), oder soll es nicht lieber eine Ferienwohnung sein? Wo ist es warm genug, aber nicht zu warm und der Flug – unseren Kindern und allen Mitreisenden zuliebe – nicht zu lang? Und so weiter. Wir schieben die Buchung so weit nach hinten, dass es irgendwann fast schon mit dem Abreisedatum kollidiert. Bisheriger Negativrekord:

Buchung vier Tage vor Abflug, Abholung des Kinderreisepasses drei Tage vorher. Da waren wir allerdings noch unerfahren. Es war die erste Flugreise mit unserer seinerzeit fast zweijährigen Tochter, und daher hatten wir noch keine Dokumente für sie. Ich werde nie vergessen, wie ich, schon schwanger mit dem zweiten Kind, mit meiner Tochter zu einem Bürgeramt am anderen Ende der Großstadt gefahren bin. Nur über die Notfall-Telefonnummer hatte ich noch einen Termin bekommen. Keuchend und mit der Tochter auf dem Schoß saß ich vor einer Sachberaterin, die mir völlig zu Recht mit einem starken Berliner Dialekt „Dit fällt Ihnen aber früh ein" zuraunte, bevor sie mir den Kinderreisepass aushändigte. Stolz wie ein Fußballspieler nach einem Pokalsieg schickte ich meinem Mann ein Foto des Passes und schrieb: „DA IST DAS DING!"

Es wurde ein sehr schöner Urlaub. Eine Woche waren wir zusammen mit meiner Mutter und meinem Stiefvater auf einer sonnigen Insel. Die Großeltern in den Urlaub mitzunehmen, um zwischendurch mal ein bis zwei Stunden Urlaub wie Erwachsene haben zu können, ist eh der beste Tipp, den ich dir geben kann. Es gibt noch etliche andere Dinge, die wir mittlerweile gelernt haben, die vor allem mit den eigentlichen Reisetagen zu tun haben. Denn wenig ist stressiger, als mit Kind im Schlepptau pünktlich von A nach B zu kommen. Ganz ohne Stress geht es immer noch nicht, aber wir können ihn mittlerweile ganz gut minimieren:

1. Buche bloß den passenden Flug

Natürlich willst du einen passenden Flug buchen, was für ein offensichtlicher, blöder Tipp. Was ich meine: Für Reisen mit Kind sind Faktoren wichtig, die dir vorher sehr wahrscheinlich egal waren. Früher habe ich immer den billigsten Flug genommen. Selbst wenn das hieß, dass ich um drei Uhr in der Früh am Gate stehen musste – egal, danach fing ja die Erholung an! Heute sage ich dir: Auch wenn deine finanzielle Situation eng ist, gib lieber etwas mehr für den Flug aus und lass dein Kind ausschlafen. Ein übermüdetes Kind ist im Alltag schon eine Herausforderung, aber in einem engen Flieger mit lauter fremden Menschen? Nein, danke!

Im schlimmsten Fall wird nicht nur der Flug, sondern der ganze Reisetag zum Albtraum.

Ich würde dir empfehlen, dich für die Abflugzeit wenigstens ungefähr an den Wach- oder Schlafphasen deines Kindes zu orientieren. Wir haben uns zum Beispiel für einen Flug entschieden, der kurz vor dem regulären Mittagsschlaf unserer Tochter abhob. So war sie beim Boarding wach, gut gelaunt und hat anschließend die Hälfte des Fluges auf dem Arm ihres Vaters verschlafen. Ja, der Flug war etwas teurer. Aber die angespannten Nerven, die wir uns so erspart haben? Unbezahlbar.

2. Hab einen Schlachtplan

Es mag sich albern anfühlen, alle möglichen Details im Vorfeld mit dem Partner abzusprechen, aber an Flughäfen oder Bahnhöfen müssen wir oft schnell die Taschen und Kinder packen und loslaufen. Wenn die Aufgaben klar verteilt sind und nicht währenddessen diskutiert werden müssen, umso besser! Besprich mit deinem

Partner rechtzeitig, wer wann welches Kind und welche Taschen nimmt. Wer kümmert sich um die Tickets, die Koordination am Flughafen? Wer ist der Snack-Offizier, der Quetschies und Co. so ins Handgepäck packt, dass ihr sie bei Bedarf gleich griffbereit habt?

3. Vermeide Heißhunger-Attacken

Apropos Snack-Offizier: Pack Snacks nicht zu knapp ein. Wenn du denkst, dass es reicht, pack noch was drauf. Denn wenn dein Kleinkind ruft, dass es JETZT Hunger hat, dauert es meist nicht mehr lange bis zum nächsten Wutanfall. Babynahrungsmittel wie Pre-Milch kommen übrigens in größeren Mengen durch die Sicherheitskontrolle. Das gleiche gilt für „Baby-Wasser“ aus Drogerien, mit dem du beispielsweise die Babymilch anrührst. Das darfst du sogar in sonst streng verbotenen Größen von bis zu 1,5 Litern mitnehmen. So sparst du dir den Kauf einer deutlich teureren Wasserflasche hinter der Security.

4. Nimm' das richtige Gefährt mit

Niemand will ein zwölf Kilo schweres Kind durch den Flughafen schleppen. Das musst du zum Glück auch nicht, weil du bei vielen Airlines den Buggy oder Kinderwagen bis zu dem Punkt mitnehmen kannst, an dem ihr in den Flieger steigt. In dem Fall wird der Kinderwagen nicht als Sperrgepäck angemeldet, sondern ihr bekommt ihn sofort wieder, wenn ihr am Ziel aus dem Flieger ausgestiegen seid. Manche Buggys passen zusammengeklappt sogar ins Fach fürs Handgepäck. Überprüfe die Maße aber am besten vorher bei der Airline, mit der ihr fliegt.

5. Vergiss' „priority boarding"

Mit Kindern bekommst du in der Regel automatisch ein „priority boarding". Heißt: Ihr dürft zuerst in den Flieger. Davon würde ich allerdings dringend abraten. Es ist schon schwierig genug, ein Baby oder Kleinkind über mehrere Stunden auf einem halben

Quadratmeter zu bespaßen. Eine kostenlose Zugabe von etwa 45 Minuten braucht niemand.

6. Bereite dein Kind auf Start und Landung vor

Meine Tochter ist Schnuller-Fan, seitdem sie sechs Wochen alt war. Dadurch, dass sie während des Starts und der Landung ohnehin andauernd nuckelt, dabei Speichel produzierte und regelmäßig runterschluckte, führt sie automatisch einen Druckausgleich durch, ohne es wahrzunehmen. Das gefürchtete Start- und Lande-Geschrei blieb uns bisher so erspart. Dieser schöne Effekt kann auch anders erzeugt werden: durch Stillen, Fläschchen geben oder indem du rechtzeitig andere Getränke und Snacks anbietest.

7. Hab' das richtige „Mindset"

Entspann' dich einfach, dann ist auch dein Kind entspannt, und alles läuft rund? Ja, genau. *Clown-Emoji hier einfügen, bitte*. So leicht ist es natürlich nicht. Aber wir haben es als Familie mit einem Kniff geschafft, dass nicht ganz so viel Druck auf unseren Reisetagen liegt. Wir beginnen sie mit dem Satz: **Heute ist – fast – alles erlaubt.**

Was meine ich damit? Mit Baby oder Kleinkind folgen wir im Alltag strengen Routinen: wann das Kind schlafen muss, wann und was es essen soll, was eingekauft wird, wie das Kind ins Bett gebracht wird und so weiter. Wir wissen irgendwann genau, was funktioniert und was nicht, und handeln entsprechend. An Reisetagen, egal ob mit Bus, Bahn oder Flugzeug, greifen diese Routinen nicht. Ich wollte das anfangs nicht einsehen, wollte nicht zulassen, dass meine Tochter schon wieder Pommes isst und die dritte Stunde vorm iPad hängt. Trotz völlig wilder Umstände wollte ich unsere heimischen Regeln mit auf die Reise nehmen. Natürlich ging das grandios in die Hose. Irgendwann sah ich ein: „Es ist egal. Morgen ist ein neuer Tag." Stressfrei ist das Reisen seither nicht, aber wir verzichten auf die extra Schippe Druck.

Horror-Autofahrten mit Baby

Sophia

Kroatien, 2021. Im Auto sitzen vorne mein Mann und unser Gastgeber, auf der Rückbank links meine Schwester, rechts mein damals fünf Monate alter Sohn im MaxiCosi, ich in der Mitte. Wir haben bereits zwei Flüge intus (Welcher Anfänger bucht mit Baby keinen Direktflug, um ein paar Euro zu sparen?!). Seit Wochen habe ich Panik, denn mein Kind hasst Autofahren. Es gibt keine Fahrt ohne herzzerreißende Tränen und panisches Schreien. Seit Wochen mache ich mir den größten gedanklichen Stress, weil ich weiß, dass uns diese eine Stunde Autofahrt bevorsteht. So hänge ich nicht wirklich angeschnallt, kurzatmig-schwitzend, und mit einer entblößten rechten Brust über der Sitzschale und stille meinen Sohn während der Fahrt (macht das nicht nach!), wobei mir der Bügel vom Kindersitz ein paar Rippen zu brechen droht.

Was tut man nicht alles für die Kleinen? Es sind diese Szenen der Mutterschaft, die für mich die totale Aufopferung in vielen Momenten symbolisieren. „Aber jedes Baby fährt doch gerne Auto und schläft schnell dabei ein?“, hörte ich immer wieder. Ich kann kaum in Worte fassen, wie viel Schmerz dieser Satz schon bei mir verursachte. Die fragenden, verständnislosen Augen, in die ich in meinem Umfeld schaute, wenn ich verzweifelt davon erzählte, dass wir keine fünf Minuten entspannt Auto fahren könnten. Mein Sohn ist als Baby im ersten Jahr zu keinem Zeitpunkt gerne Auto gefahren – jede Autofahrt war der totale Horror. Ich übertreibe nicht.

Ich dachte, dass es meine Schuld sei, weil ich etwas nicht richtig mache. Jede Einladung löste bei mir Erklärungsnot aus: Der Geburtstag meiner Oma, die Hochzeit von Freunden, der Urlaub im Nachbarland, der Tagesausflug in den Zoo – zu keinem dieser Events fuhren wir ohne Tränen (beim Baby und bei mir). Dieser psychische Stress hat bei mir zu sozialem Rückzug geführt. Wir haben die Fahrten zunehmend vermieden, Freunde und Familie sind zu uns gekommen, weite Fahrten haben wir abgesagt, und mein Mann ist allein einkaufen gefahren. Diese

Isolation schlug mir immer mehr aufs Gemüt, weil wir ein großes Stück Freiheit aufgeben mussten. Wie gerne hätte ich damals jemanden gehabt, der mir gesagt hätte, dass das ganz normal ist, dass es solche Babys gibt, dass es nicht an mir liegt. Dass gestillte Tragebabys ganz oft nicht gerne Autofahren.

Stattdessen reagierte ein Großteil mit vermeintlich lustigen Sprüchen („Bis zur Hochzeit hat sich das verwachsen") oder ungefragten Ratschlägen. Was für ein psychisch zermürbender Rattenschwanz an dem gesamten Thema hing, sah niemand.

Diese Tipps haben mir nicht geholfen:

- Mit dem Baby zusammen hinten sitzen
- Kind auf den Schoß nehmen (Die wilden 80er sind vorbei, Leute. Seit 1993 besteht in Deutschland die Kindersitzpflicht.)
- Schnuller oder Flasche
- Sonnenschutz
- Kühl anziehen / warm anziehen
- Ausgeschlafen losfahren

- Müde losfahren (Extra-Horror)
- Spielzeug jeglicher Art
- Singen oder Musik
- Sitzschale etwas steiler oder flacher positionieren

Es wurde besser, als unser Sohn etwas über acht Monate alt war. Wir kauften einen Reboarder und verbannten die für ihn offenbar sehr unbequeme Babyschale in den Keller. Die neue höhere Sitzposition und die bessere Polsterung gefielen ihm. Der wichtigste Punkt war jedoch, dass er sich *endlich* für Kindersendungen interessierte. Andere Familien versuchen die Kleinsten aus guten Gründen, solange es geht von Bildschirmen fernzuhalten. Wir konnten es kaum erwarten, dass uns diese Form der Ablenkung ruhige Fahrten ermöglicht. Bis heute gehören die liebsten Kinderserien und Autofahren fest zusammen, weil wir uns damals verzweifelt geschworen hatten, dass alles erlaubt sein wird, was hilft und die Sicherheit im Auto nicht beeinflusst.

Mein Baby schaltet den Turbo ein – motorische Entwicklung, Zahnen und Beikost

Sophia

Ich saß völlig verschwitzt und außer Atem im Bus, mein sechs Monate altes Baby in der Trage und eine volle Einkaufstüte vom Drogeriemarkt meines Vertrauens zwischen die Beine geklemmt. Als wäre das nicht schon genug, wollte mein Sohn genau jetzt aus der Trage raus, um weiter Krabbeln zu üben. Es wäre ja auch zu einfach gewesen, 20 Minuten „entspannt" nach Hause fahren zu dürfen. Nun gibt es kaum einen ungünstigeren Ort dafür, als ein öffentliches Nahverkehrsmittel, dessen Boden zerschlagene Bierflaschen, deren ausgelaufener klebriger Inhalt und Essensreste zierten.

Schnell fischte ich eine Packung Maisstangen aus der Einkaufstüte, um mein Kind damit zu ködern. Drei Stationen lang mampfte er seinen Snack auf dem Sitz neben mir turnend, bis sich sein Gesicht verzog und er sich schüttelte. Ich wusste, dass ihn seine durchbrechenden Zähnchen seit Tagen stressten. An diesem Punkt kippte nicht nur die Einkaufstüte in einer scharfen Kurve in den Gang des Busses, sondern auch die Stimmung. Mein Kind weinte und war geplagt von Schmerzen, hatte gleichzeitig einen krassen Bewegungsdrang, dazu Hunger oder Durst. Während ich mit nur zwei Armen und Händen versuchte, umgekippte Tüten und Kind simultan zu managen, hätte ich am liebsten auch angefangen zu weinen.

Diese Situation ist ein wahres Sinnbild dafür, wie es mich regelmäßig an meine absolute Schmerzensgrenze gebracht hat, dass sich mein Sohn vor allem in seinem ersten Lebensjahr wahnsinnig schnell entwickelt hat. Damit möchte ich in diesem Kapitel in keiner Weise angeben. Was auf den ersten Blick cool klingt, nämlich dass mein Sohn schnell mobil wurde, schnell Zähne bekam und schnell feste Nahrung verlangte, ist auf den zweiten Blick nur noch halb so cool.

Die Motorik

Das Konzept einer Krabbeldecke war mir nie richtig klar, denn nach bereits vier Monaten gab es für mein Kind nur eine Gangart: Vollgas vorwärts. Er robbte mit vier Monaten, krabbelte mit sechs, zog sich kurz darauf überall hoch und lief seine ersten Schritte frei und ohne jede Hilfe mit neuneinhalb Monaten. All das übte er auch gerne nachts – egal, wie viel Zeit wir ihm tagsüber fürs Training einräumten. Immer, wenn ich gerade die Bereiche, die er neu erreichen konnte, babysicher gemacht hatte, stand er schon kurz davor, das nächste Level freizuschalten. Mein Sohn schlug, wie ein junger Hase auf der Wiese, einen Haken nach dem anderen und hängte mich mit seiner schnellen Entwicklung regelmäßig ab. In vielen Situationen konnte ich schwer einschätzen, ob er meine Hilfe benötigte, kurz davor war hinzufallen oder kompetent den nächsten Fortschritt probte.

Dieser Turbo-Gang forderte mich auch außerhalb unserer Wohnung heraus. Der Kinderwagen war, wie schon im Kapitel zur Erstausstattung beschrieben, nie eine Option für uns – er diente höchstens als

Lastenkarre bei längeren Ausflügen. Stattdessen war ich die Känguru-Mama, die ihr Junges überall im Beutel hinschleppte. So schön und innig diese Nähe war, so anstrengend war es – vor allem, wenn ein schwerer Wickelrucksack und volle Einkaufstüten hinzukamen. Da ist „Känguru-Mama“ fast der falsche Begriff, „Packesel“ trifft es besser.

Die raketenhafte Motorik sollte nicht meine einzige Herausforderung bleiben. Ein weiteres Thema hat mich zeitgleich entweder ratlos oder verzweifelt zurückgelassen.

Das Zahnen

Wie penetrant der Druck im Kiefer und am Zahnfleisch sein können, kann ich nur ahnen (Meine Weisheitszähne machten über Jahre immer wieder so unangenehme Schübe, bis ich die Faxen dicke hatte, und alle vier auf einmal entfernen ließ). Mein Baby blieb nur drei Monate verschont, bis es die schmerzhafte Bekanntschaft mit den ersten unteren Schneidezähnen machen musste. Das klingt jetzt vielleicht übertrieben, aber ab dem Zeitpunkt des ersten „Zahnens“ hatten wir etwa anderthalb Jahre lang mehr Stress mit dem Thema als keinen Stress. Ungefähr jede zweite Sprachnachricht, die im ersten Babyjahr an Rebecca ging, fing mit den Worten an: „Die Nacht war die Hölle. Ich glaube, er zahnt schon wieder. Kann das denn sein?!“

Alle Hilfsmittel, wie gekühlte Beißringe oder schmerzlinderndes Gel, wirkten nur für kurze Zeit, sodass wir für die Nächte des Öfteren auf ein Schmerzmittel zurückgreifen mussten. Es war schwierig, die durch das Zahnen verursachten Unruhezustände richtig zu deuten – erst, als der nächste Zahn durchgebrochen war, konnte ich mir aus den vorherigen stressigen Tagen einen Reim machen.

Als wäre das alles nicht genug, tat sich – ab Monat fünf – noch ein weiteres Feld auf, das bei allen anderen einfacher zu beschreiten schien als bei uns.

Die Beikost

Während andere Babys freudig den Schnabel in Richtung Brei reckten, hatte mein Sohn einfach keine Lust darauf. Er zeigte alle Beikostreifezeichen:

1. Kind kann auf dem Schoß oder allein aufrecht sitzen
2. Zungenstreckreflex ist verschwunden
3. Hand-Augen-Koordination ist ausgeprägt

Doch klassischer Brei langweilte ihn. „Du musst den halt selbst kochen, Sophia“, denkt ihr? Als hätte ich strebsame Öko-Mami nicht zu Ende recherchiert und kleine Eiswürfelformen aus Silikon bestellt, in denen ich liebevoll gedünstetes und püriertes Fleisch und Gemüse einfror. Mein Sohn hatte nur wenig Ehrfurcht vor der cremigen Bio-Pastinake und ein starkes Bedürfnis danach, die Dinge selbst in die Hand zu nehmen. Das kann man so ganz wörtlich sehen, denn er packte alles Essbare an, was er in die Finger bekommen konnte.

So fand ich mich zwischen „Breifrei“-Ratgebern und

„Baby Led Weaning"-Instagram-Accounts wieder. Bei diesen Konzepten wird das Baby – ergänzend zur Milchnahrung – nicht gefüttert, sondern es lernt selbstständig, die Beikost in den Mund zu führen (Das kann übrigens auch mit Brei und Löffel stattfinden). Ich briet kleine Pfannküchlein, schmierte Frischkäse-Toasts, backte Bananen-Muffins und formte Rindfleisch-Apfel-Buletten, um eine abwechslungsreiche und nahrhafte Kost anbieten zu können. Warum viele Familien mit Baby auf Haustiere wie Hunde oder Katzen zählen, wurde mir in dem Moment deutlich, als ich die Hälfte meiner Kreationen wieder vom Boden sammeln durfte. Aber: Mein Sohn hatte Spaß am festen Essen, was mich trotz der Anstrengung antrieb und motivierte.

Durchatmen

Rückblickend weiß ich nicht, ob ich lachen oder weinen soll, wenn ich an Situationen denke, in denen sich diese drei herausfordernden Felder kombinierten. Es steckt eine gewisse Komik in Szenen wie der am Beginn des Kapitels, gleichzeitig

hätte ich in solchen Momenten gerne einfach aufgegeben und mich (allein!) ins Bett gelegt.
Die ersten anderthalb Jahre habe ich als sehr anstrengend empfunden. Denn wenn das Raketenbaby dauerhaft durchstartet, brennt Mama schnell aus. Während andere Kinder stundenlang auf dem Schoß der Eltern saßen, war ich ununterbrochen gefordert. Entweder sprang ich meinem Sohn hinterher, oder schenkte ihm beim Stillen Nähe und Ruhe, damit er Kraft für den nächsten Anlauf sammeln konnte. Aus diesem Hamsterrad kam ich kaum heraus.

Doch mit der Zeit wurde es besser. Wir stiegen schnell auf Familienkost um, sodass ich für mein Kind keine Extra-Mahlzeiten zubereiten musste. Irgendwann war der letzte Zahn durchgebrochen und mein Kind rannte sicher auf zwei kleinen Beinen durch die Gegend. Neben all den Herausforderungen hat mir diese Zeit auch viel gegeben.

Natürlich machte es mich stolz, wenn andere Menschen ungläubig die Fähigkeiten meines Sohnes lobten. Ich wurde in kurzen Abständen mit wunderbaren Fortschritten überrascht und staunte über seinen Entdeckergeist. Wir naschten früh gemeinsam Eis aus der Waffel und konnten schnell die ersten gemeinsamen Spaziergänge zelebrieren.

Das sind meine Raketenbaby-Survival-Tipps:

- **Kinder sind verschieden**
  Wenn du euch in diesem Kapitel wiedererkannt hast, nimm die Situation an und sei dir darüber im Klaren, dass du nichts falsch machst. Wenn ein anderes Baby immer ruhig und fröhlich ist, während du mit deinem Knirps nur am Rotieren bist, sagt es nichts über deine Fähigkeiten als Mutter aus. Manche Babys sind fordernder als andere.

- **Kurse, Kurse, Kurse**
  Pikler, Pekip, Schwimmen oder Babysingen – finde Kurse, die euch Spaß machen, um dein Kind mit Input zu versorgen. Es gibt auch offene (kostenlose) Spielgruppen in Innenräumen oder auf Spielplätzen.

- **Genossinnen finden**

  Alles ist einfacher, wenn man sich gehört und gesehen fühlt. Mir hat der Austausch mit anderen Raketen-Mamas sehr geholfen, denn ich wusste: Ich mache nichts falsch, es ist wirklich so anstrengend. Dafür muss man sich nicht treffen, ein virtueller Kontakt reicht schon.

Erst Liebespaar, jetzt Eltern – wie uns Konflikte voranbringen

Sophia

In den ersten Wochen nach der Geburt war ich in der Babyblase und blendete alles um mich herum aus. Ich hatte nur Augen für mein Neugeborenes und fühlte mich sogar unwohl, wenn ich nur ein Zimmer von meinem Sohn entfernt war. Stundenlang lagen wir alle zusammen im Bett und mein Mann und ich staunten über dieses perfekte kleine Wesen in unseren Armen. Unsere Liebe zueinander fand einen neuen Höhepunkt mit der Liebe, die wir gemeinsam für unseren Sohn empfanden.

Ich ließ mir viel Zeit, um das Wochenbett zu hüten und wieder unter Leute zu kommen. Währenddessen wuselte mein Mann in seinen zwei Monaten Elternzeit und anschließenden zwei Monaten Teilzeit fürsorglich um mich und unser Baby herum. Dabei konzentrierte er sich auf meine Versorgung, den Haushalt, sowie die Koordination von wichtigen Anträgen und Terminen, während ich unseren Sohn stillte, wickelte und in den Schlaf begleitete. Zusammen sind wir eine neue kleine Einheit geworden: 1 + 1 = 3.

Doch inmitten der Euphorie über unser Baby sahen wir uns mit der harten Realität der Elternschaft konfrontiert. Die unruhigen Nächte und fast ununterbrochen geforderte Aufmerksamkeit für kindliche Bedürfnisse ließen wenig Zeit und Energie für die spontanen Zuneigungsbekundungen und die Intimität, die einst unsere Beziehung ausmachten.

Spätestens als mein Mann nach vier Monaten wieder in Vollzeit arbeitete, fühlte es sich so an, als würden wir zwei völlig unterschiedliche Leben führen. Er, der zurück in seinen gewohnten Routinen war, und ich, die mitten im Baby-Alltag nie wusste, welche neuen Herausforderungen der Tag oder die nächste Nacht mit sich bringen würden. Ich kann nicht leugnen, dass sich dadurch eine Distanz zwischen uns aufbaute. Ich kämpfte mich durch die krasseste Metamorphose meines Lebens, während sein Leben einfach wie vorher weiterging.

Die Mutterschaft nahm mich ein und ich blühte in der neuen Rolle auf. Zugleich war ich körperlich und mental wirklich ausgelastet: Das Stillen forderte meine Ausdauer und Kompromisslosigkeit, genauso wie das viele Tragen. Hormonelle Schwankungen sorgten zeitweise für Haarausfall und schlechte Haut, während mich immer wieder irrationale Ängste um mein Baby plagten. Gepaart mit großer Erschöpfung durch schlaflose Nächte, war oft nicht mehr viel von mir als Ehefrau übrig, weil die Mutter in mir unermüdlich funktionieren musste.

Es war mein Mann, der als erstes seine Sehnsucht nach mir bekundete. Zu diesem Zeitpunkt hatten wir bereits schöne, aber kurze Abende zu zweit auf dem Sofa verbracht, während unser Sohn im Zimmer nebenan schlief – jedenfalls solange, bis ich ihn wieder stillen musste. Auch ich hatte Sehnsucht nach meinem Ehemann. Gleichzeitig spürte ich, wie wenig Kapazität ich hatte, der Ehefrau in mir mehr Platz einzuräumen. Woher sollte ich die Kraft nehmen, mich um unsere Beziehung zu kümmern?

Das erste Mal

Als unser Sohn vier Monate alt war, hatten wir das erste Mal die Möglichkeit, etwas nur zu zweit zu unternehmen. Meine Mutter besuchte uns, um den Kleinen – ausgerüstet mit abgepumpter Muttermilch und stillfreundlichen Fläschchen – für vier Stunden zu hüten. In alter Tradition gingen mein Mann und ich in unsere liebste Saunalandschaft. Es war ein wunderschöner Nachmittag und wir fühlten uns wie zwei Teenager, die das erste Mal auf eine Party gehen durften.

Das ist sowieso komisch: Als Teenies müssen wir unsere Eltern um Erlaubnis bitten, wenn wir ausgehen wollen, dann ziehen wir als Erwachsene aus und sind frei, bis wir selbst Kinder bekommen und auf unsere Eltern als Babysitter zurückgreifen müssen – und damit wieder ein bisschen abhängig von ihnen sind.

Nach einer gefühlten Ewigkeit in unserem Babykosmos sahen wir uns wieder als Mann und Frau in die Augen, nicht als Mama und Papa.

Für einige Momente konnte ich vergessen, welch große Verantwortung in Form meines Sohnes zu Hause auf mich wartete. Wir konnten unsere Sauna-Tradition aufleben lassen, verspürten eine alte Leichtigkeit, doch so richtig abschalten konnte ich in den wenigen Stunden nicht – vor allem, weil meine Brüste immer unangenehmer wurden und ich den Druck auf meinen Milchdrüsen spürte. Diese vier Stunden waren keine echte Auszeit für mich, sie waren ein ausgedehntes Luftholen, bevor ich wieder in den Alltag mit Baby zurückkehrte.

Wieder zu Hause angekommen, war unser Sohn bereits sehr unruhig und meine Mutter bestätigte mir, dass er jetzt zu mir wolle, um gestillt zu werden. Wir hatten unsere freie Zeit also bis auf die letzte Minute ausgereizt und mich plagte ungewollt ein schlechtes Gewissen. War das zu lang? Ist er nicht noch viel zu klein dafür, solange von mir getrennt zu sein? Während mein Kopf auf diese Fragen mit „Nein" antworten konnte, wollte mein Herz sich nicht ganz davon überzeugen lassen.

Der Paar-Tank

Die Möglichkeit zu solchen kleinen Freiheiten hatten wir immer mal wieder, allerdings nicht regelmäßig. Es dauerte fast zwei Jahre, bis unser Sohn das erste Mal eine Nacht von uns getrennt schlief, während mein Mann und ich so richtig ausgehen konnten. Das war die Auszeit als Paar, die uns lange gefehlt hatte. Mein Mann und ich blühten an diesem Abend mit unseren engsten Freunden aus seiner Heimat auf, blickten uns euphorisch und verliebt in die Augen und füllten unseren Paar-Tank wieder auf. Ich konnte gedanklich so richtig loslassen und musste nicht auf die Uhr schauen, um rechtzeitig wieder zu Hause zu sein – ein vergessenes Gefühl der Freiheit packte uns.

Rebecca und ich sind einmal zu dem Schluss gekommen, dass manche Tanks im Laufe der Elternschaft so leer werden, dass man gar nicht merkt, dass sie noch existieren. So war es bei uns mit dem Paar-Tank. Der war so leer und klapprig, dass ich ihn gar nicht mehr richtig wahrgenommen hatte. Damit meine ich nicht, dass unsere Beziehung in irgendeiner Weise ernsthaft bedroht war. Nur wurde an diesem Abend deutlich, was uns als Paar lebendig fühlen lässt, und wovon wir mehr vertragen könnten.

Ein Dilemma

Diese Erkenntnis auch im Alltag umzusetzen, ist gar nicht so einfach. Als Eltern stehen wir immer wieder vor dem Dilemma, dass wir für losgelöste Zweisamkeit genau das brauchen, was uns der Alltag mit Kind oft nicht gewährt: Leichtigkeit, Ruhe und Zeit, sich aufeinander einzulassen. Daran werden wir erinnert, wenn wir mehrere Tage in Folge abends auf dem Sofa vor dem Fernseher sitzen und in unsere Handys glotzen. Es ist nach anstrengenden Tagen einfach viel zu verführerisch, vor einem Bildschirm zu versacken und sich von der Außenwelt abzukapseln. Ab und zu ist das okay, doch nüchtern betrachtet, hat unsere Beziehung einen zu hohen Wert, als dass wir gemeinsame Zeit so verschwenden dürfen. Denn das Problem ist: Wer sich mit Bildschirm vor der Nase von der Außenwelt abkapselt, hält eine Distanz zwischen sich und seinem Partner. Also genau das Gegenteil von dem, was wir eigentlich wollen und brauchen. Trotz des Wissens darum, können wir manchmal nicht die Kraft für „mehr“ aufbringen.

Unsere Konflikte

So wundert es nicht, dass wir trotz bester Vorsätze oft in den Strudel des Alltags geraten, der die Paarzeit in den Hintergrund rücken lässt.
Die Ankunft unseres Kindes war das größte Geschenk dieser Welt und hat uns dennoch als Paar ganz schön durchgeschüttelt. Diese beiden Dinge dürfen zur selben Zeit gelten und ich weiß, dass wir damit nicht allein sind. Ich möchte ehrlich sein und zugeben, dass nicht jede Diskussion und jeder Streit konstruktiv und nach Lehrbuch der Kommunikation abläuft. In den letzten Jahren spielten Vorwürfe, Missverständnisse und Enttäuschungen auf beiden Seiten häufig eine Rolle.

Aber – und das ist der Plot Twist – das ist *kein* Defizit in unserer Ehe. Denn nur wer streitet, kann wachsen, einzeln und gemeinsam als Paar. Konflikte gehören in zwischenmenschlichen Beziehungen dazu und es kommt darauf an, wie man mit ihnen umgeht. Auch wenn wir im Streit nicht immer fair miteinander umgehen, setzen wir uns danach gemeinsam hin, sprechen offen über unsere Gefühle, Erwartungen und Bedürfnisse und schicken unsere Beziehung damit in das nächste Level. Wir schaffen es, immer friedlicher miteinander umzugehen, die Sicht und Eigenarten des anderen zu respektieren und uns auf unsere gemeinsamen Ziele zu besinnen.

Unsere Zukunft

Manchmal fragen wir uns, wie es werden wird, wenn die Kinder viel größer sind, und wir mehr von unserer Paar-Identität aus den Jahren vor der Elternschaft zurückerlangen können. Dann träumen wir von Norwegen-Roadtrips mit einem Wohnmobil und langen Hörbüchern und von Reisen mit Freunden in luxuriöse All-Inclusive-Hotels – und stellen uns die Ruhe zu Hause gespenstisch vor. Bald sind wir zu viert und werden vor neue Herausforderungen gestellt, wenn einst gewonnene Freiheiten durch ein zweites kleines Stillbaby erstmal wieder warten müssen. Aber mein Mann und mich eint die Liebe zu unseren Kindern, der Wille, es gemeinsam und gut als Eltern zu schaffen, und nicht zuletzt die Liebe zueinander, die immer wieder neu aufflammt. Daran werden wir festhalten.

Es fällt mir schwer, am Ende dieses Kapitels große Töne zu spucken und dir ultimative Tipps für deine Partnerschaft zu geben. Es würde mir anmaßend vorkommen, weil ich das Gefühl habe (gemeinsam mit meinem Mann) erst ganz am Anfang einer lebenslangen Reise zu stehen. Wenn ich eines gelernt habe, dann ist es, dass Kommunikation der Schlüssel ist (es klingt so abgedroschen, aber es ist wahr). Ehrliche und ergebnisoffene Gespräche über die eigenen Bedürfnisse, Ängste und Wünsche brauchen einen ungestörten Raum, damit ihr die Chance habt, euch gegenseitig zu verstehen.

Es spielt keine Rolle, wie „weit" andere Familien sind. Wenn deine beste Freundin mit ihrem Partner jede Woche ausgehen kann, weil die Oma das Baby hütet, du aber ein sensibles Stillbaby und keine Betreuungsperson in deiner Umgebung hast, dann ist das okay. Es macht euch nicht automatisch zu einem weniger verbundenen Paar und tut eurer Liebe keinen Abbruch. Oft sind es die kleinen Momente der gegenseitigen Verbundenheit und Präsenz, die den Funken überspringen lassen und das Feuer der Liebe immer wieder neu entfachen.

Mein Mama-Gewissen: Bin ich eine schlechte Mutter, wenn…?

Rebecca

Es ist einer *dieser* Tage. Alles geht schief und die Kinder schreien sich abwechselnd die Seele aus dem Leib. „Durchhalten, durchhalten, durchhalten", sage ich mir immer wieder, nur noch kurz durchhalten, dann wird mein Mann von der Arbeit nach Hause kommen, und ich kann mich kurz zurückziehen. Alle fünf Minuten schaue ich auf die Uhr und hoffe, dass mehr als fünf Minuten vergangen sind. Ein Wunder, dass ich nicht im Stehen vibriere, so stark ist die Anspannung in meinem Körper.

Was dann passiert, trägt die Überschrift: „Wir wollten das Beste und es kam wie immer" – ein Spruch, den ich von Sophia habe und der die Elternschaft für mich beschreibt wie kein Zweiter. An diesem Tag kommt es nämlich so:

Erst entscheidet meine Tochter, dass es eine brillante Idee ist, einen Eierkarton samt Inhalt in der Küche zu verteilen. Während ich mit einem Lappen auf dem Boden herumrutsche und Eierschalen aus den Ecken pule, fangen beide Kinder gleichzeitig an zu weinen. Es geht um ein Spielzeug. Ich richte mich auf, um beide zu trösten. Während meine Tochter auf mich zuläuft, macht sie eine unachtsame Bewegung und stößt ihren vollen Becher Milch um. Das ist der Tropfen, der mein Fass an diesem Tag zum Überlaufen bringt. „Verdammt nochmal, was sollte das denn jetzt, scheiße!", höre ich mich schreien. Meine eh schon weinende Tochter bleibt wie angewurzelt stehen und guckt mich erschrocken an. Schluchzend verzieht sie sich in eine andere Zimmerecke und dreht mir den Rücken zu. Mein kleiner Sohn schreit derweil weiter auf meinem Schoß, und auf dem Boden vermischen sich Milch und rohe Eier zu einer weißgelben Pampe. Ich seufze laut.

Meine Wut verpufft, und was übrig bleibt, ist eine Mutter, die sich klein und besiegt fühlt. „Mist, musste das gerade sein?", sage ich in Gedanken zu mir selbst. Ich nehme meine Tochter in den Arm und bitte um Entschuldigung, nur Sekunden später scheint sie schon wieder alles vergessen zu haben. Ich weiß, dass solche kurzen Explosionen zwar ärgerlich, aber möglich sind und meine Tochter deswegen nicht gleich Schaden nimmt. Mein hoher Anspruch an mich selbst als Mutter macht mir trotzdem zu schaffen. Es ist nicht das erste Mal, dass ich die sogenannte „Mom Guilt“ spüre. War ich heute geduldig genug? War das Essen gesund? Habe ich meinem Kind genug Aufmerksamkeit geschenkt? Vor allem an schlechten Tagen rasen solche Fragen schier endlos durch meinen Kopf.

Dass ich damit nicht allein bin und mein schlechtes Gewissen durchaus auch einen positiven Effekt hat, lerne ich in einer Recherche für eine Podcastfolge. „Das schlechte Gewissen oder die Schuldgefühle, die Mamas plagen, sind etwas total Normales und auch eine sinnvolle Emotion. Sie wollen, dass wir dahin schauen, wo es wehtut“, sagt Isabel Huttarsch dem Magazin „Zett“. Sie ist Psychologin, die sich auf Mütter spezialisiert hat.[8] Mein schlechtes Gewissen ist demnach so etwas wie eine soziale Alarmanlage, die mir zeigt, wo ich Grenzen überschreite: Ich möchte mein Kind nicht anschreien, ich halte das für falsch. Wenn es doch mal passiert, sagt mein schlechtes Gewissen, dass etwas nicht richtig gelaufen ist. So weit, so gut.

Ich fange an, mir Notizen zu machen. Immer dann, wenn ich spüre, wie mein schlechtes Gewissen an die Oberfläche kriecht, tippe ich Stichworte in mein Handy: Was ist passiert und warum fühle ich mich schlecht? Nach ein paar Wochen erkenne ich ein Muster. Mein schlechtes Gewissen konzentriert sich auf folgende Situationen:

1. Wenn ich denke, ich sei nicht geduldig genug gewesen oder einen falschen Tonfall gewählt habe;
2. Wenn so viele äußere Zwänge an mir zerren, dass ich das Gefühl bekomme, nicht genug Zeit für meine Familie zu haben (und meine Tochter beispielsweise zu lange vor dem Fernseher hockt)

Seitdem ich weiß, woher das schlechte Gewissen kommt, ist es viel besser geworden. Wenn ich meine Kraft richtig einteile und Prioritäten im Alltag klar setzen kann, schrillt meine innere Alarmanlage nur selten. Das erlaubt mir, in verschiedenen Situationen zu überprüfen, ob ich gerade wirklich ein schlechtes Gewissen haben muss oder es eine Kleinigkeit ist, mit der ich mich nicht länger beschäftigen muss.

Natürlich gibt es noch andere Momente, in denen ich *nicht* im Besitz meiner vollen Kräfte bin: nach schlechten Babynächten, zu vielen Wutanfälle meines Kleinkindes oder zu wenig Me-Time. Dann schaukle ich zwischen eigenem Fehlverhalten und schlechtem Gewissen hin und her, trotz bester Vorsätze.

Ich erzähle Sophia von meinem Gedanken-karussell. Normalerweise sind wir in unserer Freundschaft bedacht darauf, den anderen emotional aufzufangen, bevor wir Lösungsvorschläge unterbreiten. Aber hin und wieder braucht es eine verbale Pflichtschelle. Zwei Dinge gibt sie mir in diesem Gespräch mit, die sich so tief eingebrannt haben, dass ich sie mit dir teilen möchte – falls du auch gerade den „Captain Obvious" brauchst:

1. Du kannst nicht alles kontrollieren

Manchmal gehen Dinge schief, einfach so. Egal, wie gut die Planung war. Dann platzt die Windel, die Einkaufstüte reißt oder die schlechte Babynacht löscht deinen letzten Rest Batterie. Es ist okay, dann gestresst zu sein. Es ist okay, dann nicht in jeder Situation perfekt reagieren zu können. Eltern machen Fehler.

2. „Bin ich eine schlechte Mutter, wenn…", ist eine Fangfrage

Allein die Tatsache, dass du dir diese Frage ständig stellst, ist ein Zeichen dafür, dass du eine gute Mutter bist. Es ist dir nicht egal, wie du mit deinem Kind redest und wie ihr euer Leben gestaltet. Zur Wahrheit gehört allerdings auch: Wir alle können uns im Umgang mit unserem Kind verbessern. Wenn uns etwas nachhaltig stört, sollten wir Verantwortung übernehmen und daran arbeiten. ABER niemand von uns wird je perfekt sein.

Das Missverständnis mit bedürfnisorientierter Erziehung

Sophia

„Und wisst ihr schon, wie ihr euer Kind erziehen wollt?“, war eine der Fragen, die meinem Mann und mir oft gestellt wurden, wenn wir uns mit Freunden trafen und über die bevorstehende Zeit als neue Eltern redeten. „Keine Ahnung, halt irgendwie… gut?“, lautete meine Antwort, gefolgt von: „Wir lassen das alles auf uns zukommen.“ Welcher gigantische Berg mir bevorstand, den ich besteigen würde, ahnte ich damals noch nicht. Es kostet unendlich viel Kraft, einem kleinen, immer autonomer werdenden Menschen täglich Grenzen zu setzen und ihn gleichzeitig in allen Gefühlslagen liebevoll zu begleiten. Dazu kommt die gnadenlose Konfrontation mit der eigenen Kindheit. So erschrak ich in einigen Situationen, dass mir Sätze auf der Zunge lagen, die ich damals gehört hatte, die ich eigentlich niemals sagen wollte, weil sie mir ein schlechtes Gefühl gegeben hatten oder ich sie rückblickend als übergriffig empfinde.

Die modernen Theorien

Zeitgleich machte ich durch unterschiedliche Literatur und Instagram-Kanäle Bekanntschaft mit „bedürfnis-, bindungs- und beziehungsorientierter" Erziehung. Dabei geht es darum, das eigene Kind als autonomes Wesen zu respektieren, seine Grenzen zu achten und seine Gefühle in jeder Situation zu validieren und zu begleiten. Ziel ist es, eine sichere und vertrauensvolle Beziehung zu schaffen, auf Basis derer sich das Kind optimal entfalten kann. Eine friedliche neue Welt tat sich mir auf und ich tauchte ab in Theorien über pädagogische Perfektion. Auf Instagram geriet ich in einen Sog aus Reels, die mir zeigten, wie ich in Konfliktsituationen mit meinem Kind reagieren solle, um es nicht zu traumatisieren und den kleinen Charakter stets zu stärken. Ich solle mein Kind für einen gebauten Turm nicht mit den Worten „Das hast du aber toll gemacht" loben, sondern seine eigene Kraftanstrengung in den Vordergrund stellen. Sonst würde ich riskieren, dass es sich nicht mehr selbst an einer Sache erfreuen könne, weil es auf die Bestätigung von anderen angewiesen sei. Ich solle lieber sagen:

„Du kannst stolz auf dich sein“, damit die Freude intrinsisch sei und auf den Lernprozess des Kindes statt auf das Ergebnis bezogen würde. Andere Reels zeigten mir, wie ich mit Autonomieverhalten meines Kindes umgehen könne. Vor eine Wahl solle ich es stellen – die blaue oder die grüne Hose anziehen? Wutausbrüche des Kindes könne man einfach wegatmen – nur ein paar Mal tief ein und aus, dem Kind anbieten, es zu trösten, und schon hat sich der Konflikt erledigt.

Willkommen im echten Leben

In der Theorie ergab das alles Sinn, vor allem als mein Sohn noch ein kleines Baby war und ich diese Tipps und Tricks in unseren Stillpausen mit meinem Handy häppchenweise konsumierte. Der Reality-Check folgte schnell, da mein Kind früh mobil wurde. Ich wurde herausgefordert, ein sich ständig drehendes und krabbelndes Baby zu wickeln, ohne Gewalt anzuwenden. Natürlich erinnerte ich mich daran, dass ich ihm eine Wahl lassen solle. Nur war mein Sohn kognitiv noch nicht in der Lage dazu, zwischen zwei Sachen auszuwählen. Die ersten

Baby-Konflikte dieser Art meisterte ich geduldig und souverän, stand aber ein paar Monate später hilflos vor Kleinkind-Konflikten wie in dieser Szene beschrieben:

Gleich kommt der Bus und hier ist noch niemand angezogen. Atemlos stopfe ich meinen Sohn in alle möglichen Textilien. Mist, die Trinkflasche! Ich hechte in die Küche und fülle sie unter dem Wasserhahn auf. In der Zwischenzeit hat sich mein Sohn auf die Socken gemacht und sitzt wieder in seiner Spielecke. „Komm, Schuhe anziehen!“, rufe ich, was ihn im Spiel gar nicht erreicht. Plötzlich spüre ich eine alte Bekannte in mir hochkriechen: die Wut. Ich werde hektisch und mein Herz fängt an zu hämmern. Wir müssen *jetzt* los. Was hat die eine Mutter nochmal in dem Reel gesagt, was muss ich jetzt machen? Ich soll ihm eine Wahl lassen, oder es spielerisch angehen? Ich weiß genau, dass sein Verhalten gerade altersgerecht ist. Ich weiß auch, dass ich nicht noch mehr Druck aufbauen darf, weil das nur Gegendruck erzeugt. Ich weiß aber auch, dass *jetzt* der Bus kommt. Ich bin in Not. Es geht längst nicht mehr um das Verhalten meines Kindes, sondern um meine Gefühle. Die Hilflosigkeit triggert irgendwas in mir und ich verliere die Kontrolle über mich selbst. Ich nehme ihn ruppig auf den Arm, schnappe mir seine Schuhe, verlasse die Wohnung, und renne mit Kind auf dem einen und Rucksack auf dem anderen Arm Richtung Bus. Er fängt an zu weinen und versteht mein Verhalten nicht. Das schlechte Gewissen packt mich. Ich habe versagt. Ich habe es nicht geschafft. Jetzt weint er und versteht die Welt nicht mehr, weil ich nicht so handeln konnte, wie es in dem Reel beschrieben war.

Ich hatte damals tatsächlich das Gefühl, meinen Sohn mit einem falschen Satz oder einer falschen Handlung traumatisieren zu können. Manchmal quälte mich die Sorge, dass ich mein Kind emotional völlig vernachlässige, wenn ich mal schlecht drauf bin und keine glückliche Mama aufs Parkett bringe. Ich bin in eine Falle getappt und dachte, es ginge bei „bedürfnisorientiert“ nur um die Bedürfnisse des Kindes. Rebecca dachte eine Zeit lang, dass es darum ginge, konfliktfrei zu leben, dass alle immer zufrieden seien, und der Umgang mit dem Kind ganz einfach sei, wenn man nur die richtigen Techniken anwende. Doch das stimmt nicht. Die Realität sieht nun mal oft anders aus als die Theorie.

Bitte versteh uns nicht falsch, uns beiden liegt die beziehungsorientierte Begleitung unserer Kinder sehr am Herzen. Wir machen uns viele Gedanken darum, wie wir fair und gewaltfrei mit unseren Kindern umgehen können, während wir gleichzeitig in die elterliche Führung gehen und Grenzen setzen. Um diesen Spagat besser zu verstehen, möchten wir mit einigen Missverständnissen aufräumen, denen wir zu Beginn aufsaßen:

1. **Nur die Bedürfnisse des Kindes zählen**
   Die Bedürfnisse der gesamten Familie sind wichtig. Eine Familie zu sein bedeutet, Kompromisse und Mittelwege zu finden, um alle Bedürfnisse unter einen Hut zu bekommen – was auch oft nicht perfekt gelingt.

2. **Mit der richtigen Erziehung / Begleitung meines Kindes haben wir keine Konflikte und es gibt nie Tränen**
   Das Gegenteil ist der Fall, weil wir unsere

Kinder als autonome Wesen respektieren und sie nicht mithilfe von Strafen oder Drohungen autoritär erziehen. Gleichzeitig liegt es in unserer Verantwortung, in die elterliche Führung zu gehen und täglich Grenzen zu setzen. Das birgt ordentlich Konfliktpotenzial. Wir dürfen lernen, die starken Gefühle und Tränen unserer Kinder auszuhalten und liebevoll zu begleiten, ohne diese „wegmachen“ zu wollen.

3. Ich darf mein Kind in keiner einzigen Situation härter anpacken

Es gibt etwas, das nennt sich „schützende Gewalt“. Wenn dein Kind mitten auf der Straße stehen bleibt und ein Auto kommt, darfst du es auf den Arm nehmen und auf den Bürgersteig tragen, auch, wenn es sich stark wehrt. Du kannst ihm im nächsten ruhigen Moment erklären, warum du so gehandelt hast.

4. Es gibt für jede Konfliktsituation eine richtige Lösung

In den Hochphasen des Autonomieverhaltens haben wir oft das Gefühl, dass wir unserem Kind überhaupt nicht gerecht werden können. Das ist normal, das ist okay. Es wird wieder besser.

5. **Mit den richtigen Methoden und Routinen ist der Alltag einfach**
   Kein Trick der Welt sorgt dafür, dass alles immer funktioniert. Was gestern noch gut lief, kann heute nach hinten losgehen. Jeder Tag birgt neue Herausforderungen. Wir müssen uns immer wieder neu anpassen.

6. **Ich muss immer perfekt reagieren, sonst traumatisiere ich mein Kind**
   Menschen machen Fehler und niemand ist perfekt – das darf dein Kind lernen. Wenn du dich nicht okay verhalten hast, entschuldige dich bei deinem Kind. Du kannst ihm sagen, dass es nicht seine Schuld ist, dass du mit deinen eigenen Gefühlen gekämpft hast und dein Verhalten nicht in Ordnung war.

7. **Wenn ich die Bedürfnisse und Gefühle meines Kindes im Blick habe, komme ich durch jeden Konflikt**

Selbstregulation kommt vor Co-Regulation. Das bedeutet: Erst bist du dran, dann dein Kind – denn auf deine Führung und Moderation kommt es an. Wenn es anfängt, stressig zu werden, horche kurz in dich hinein: Wie sind deine Reserven? Bist du gestresst oder müde? Wie bist du für den aufkommenden Konflikt oder die anstrengende Situation (zum Beispiel Einschlafbegleitung, Übergangssituation, etc.) gewappnet? Was brauchst du eventuell noch schnell, damit deine Grundbedürfnisse möglichst befriedigt sind und dein Körper keinen Alarm schlägt (ein Glas Wasser, auf die Toilette gehen, einen Müsliriegel)? Erst dann wendest du dich deinem Kind zu.

8. Für einen fairen Umgang muss mein Kind alles selbst entscheiden dürfen

Wenn Dinge nicht zur Diskussion stehen, dann lass deinem Kind keine Entscheidungsfreiheit darüber. Beispiel: Zähneputzen. Anstatt zu fragen, *ob* ihr die Zähne putzen gehen wollt, kannst du fragen, *mit wem* oder *wo* das Kind die Zähne putzen möchte. Dass jetzt die Zahnpflege ansteht, wird somit nicht zum Disput gestellt, aber dem Kind trotzdem eine Wahl gelassen. Es gibt viele Situationen, in denen es keine Wahlmöglichkeiten gibt – das ist okay.

9. Es gibt ein festes Regelwerk, an das ich mich halten muss

Schau auf dich, nicht auf andere. Ihr dürft als Familie eigene Regeln haben und eigene Grenzen setzen. Ihr müsst euch damit wohlfühlen und es muss für euch passen. Wenn das Nachbarskind beim Essen am Tisch sitzen soll, es bei euch aber einfach nicht funktioniert, ist das okay. Wenn euch wichtig ist, dass euer Kind beim Überqueren der Straße an eurer Hand ist, dürft ihr das liebevoll durchsetzen, auch, wenn es anderen Familien nicht so wichtig ist. Behalte dabei den kognitiven Entwicklungsstand deines Kindes im Kopf. Viele Verhaltensweisen, die wir als sozial nicht kompatibel empfinden (zum Beispiel im Restaurant schreien oder rumrennen), können die Kinder in einem bestimmten Alter noch nicht kontrollieren. Die Kleinen lernen mit der Zeit, genau wie wir.

Das Leben zwang mich, meinen Perfektionismus abzulegen

Einst trieb mich ein starker Perfektionismus bezüglich des Mamaseins an. Mit der Zeit bin ich gütiger mit mir selbst geworden. Auch, weil die heftigsten Monate meiner Mutterschaft (wenn nicht sogar meines Lebens) hinter mir liegen: Vier Monate war ich unter der Woche allein mit meinem Sohn, da mein Mann die Präsenzphase seines MBA-Studiums in München absolvierte. Ich hatte kein Auto und keine Hilfe – dafür war ich jeden Tag mit Kleinkind von 8 bis 22 Uhr im Hamsterrad. Dazu kam mein 32-Stunden-Job und all das summierte sich pünktlich zum Beginn meiner zweiten Schwangerschaft. Noch nie wurde ich körperlich und mental so herausgefordert, noch nie hatten meine Bedürfnisse so gut wie keinen Platz mehr, noch nie brannte ich so furchtbar aus. Ich konnte nicht mehr die perfekte Montessori-Mama sein, die jeden Nachmittag fröhlich Plätzchen backte und Kastanienmännchen bastelte. Nach der Tagesmutter lief der Fernseher teilweise bis zur Schlafenszeit. Massive Schuldgefühle plagten mich, bis ich erkannte: Besser geht es gerade nicht. Ich *kann* nicht besser. Ich hatte keine andere Wahl, als von meinem Perfektionismus abzurücken und loszulassen. Daraus gelernt habe ich, meine eigenen Grenzen frühzeitig zu erkennen, um Hilfe zu bitten, und zu akzeptieren, dass es heftige Phasen gibt, in denen ich nicht an allen Fronten Bestleistungen abliefern kann.

Spielplatzkonflikte – warum mein Kind nicht teilen muss

Sophia

Monoton schubse ich meinen Sohn auf der Schaukel an und genieße die ruhigen Minuten an der frischen Luft. Er schwingt vor, zurück, ich schubse an, vor, zurück. In meinem Sichtfeld taucht eine Mutter mit ihrem Kind auf und pflanzt sich selbstbewusst neben die einzige Schaukel. „Gleich bist du dran!“, versichert sie ihrem Spross – „Das andere Kind ist gleich fertig!“ *„Ist es das?“*, frage ich mich in Gedanken und ärgere mich über den indirekt aufgebauten Druck. In Wahrheit kommuniziert sie nämlich nicht mit ihrem Kind, sondern mit mir. Was mitschwingt ist: *„Macht Platz da, wir sind dran.“* Das gefällt mir nicht. Ich frage meinen Sohn trotzdem, ob er fertig und bereit ist, die Schaukel freizumachen. Die Antwort fällt deutlich aus: Nein. Wir schaukeln weiter. Das andere Kind fängt an zu quengeln, was mit nervöser Beschwichtigung durch dessen Mama beantwortet wird: „Jaaaa, du bist doch gleich dran, der Junge ist GLEICH FERTIG, STIMMT‘S?“

Ich entgegne seelenruhig, dass wir noch nicht fertig sind, und sie aber die nächsten an der Reihe sind. In ihrem Blick sehe ich, wie genervt sie von mir ist und wie sehr sie sich zusammenreißt. Mein Sohn hat Sitzfleisch – so richtig. Vor, zurück, anschubsen. Ihr Kind quengelt deutlicher und plötzlich platzt ihr der Kragen. Hektisch und laut redet sie auf mich ein, dass der Spielplatz hier für alle sei und man eben teilen müsse. Mein Herz fängt an zu rasen und ihr Kind an zu weinen. Ich könnte meinen Sohn jetzt von der Schaukel zerren, aber ich sehe es nicht ein, diesem von Anfang an subtil aufgebauten Druck dieser unfreundlichen Person nachzugeben. Welche Lektion würde mein Sohn lernen? Er würde lernen, dass Nachgeben besser ist, um Konflikte zu vermeiden. In dem Moment möchte ich ihm gerne zeigen (und mir selbst beweisen), dass man sich nicht erpressen lassen darf. Während der Puls in meinem Hals hämmert und das Blut laut in meinen Ohren rauscht, nehme ich all meinen Mut zusammen und sage ihr betont ruhig: „Ich reiße mein Kind jetzt nicht von der Schaukel, nur weil deins anfängt zu weinen. Jeder darf hier so lange schaukeln, wie er will. Wenn wir fertig sind, seid ihr dran.“ Ausatmen,

Herzrasen. Habe ich mich gerade wirklich getraut, das zu sagen? Ich triumphiere innerlich. Gleichzeitig ist diese Situation unangenehm für mich, weil sie jetzt denkt, dass ich ein Arschloch bin. Das kann mir aber egal sein, denn ich bin im Recht... Oder? Zweifel plagen mich, während sie ihr Kind auf die Hüfte hievt und wütend und schimpfend zu einer Gruppe anderer Eltern stapft. Dort lässt sie sich extra lautstark über mich aus, wie fies und egoistisch ich sei, dass sowas gar nicht ginge. Ich horche in mich hinein und erkenne, dass mir egal ist, was mir früher nie egal war: *Was andere über mich denken.* Denn ich war der Schutzschild für meinen Sohn und habe ihm gezeigt, dass man sich nicht erpressen lässt und andere nicht zum Teilen zwingt.

Ein paar Minuten später. Mein Sohn ist fertig und räumt das Feld. *Die* sind dran. Kurz darauf – wie soll es auch anders sein – möchte mein Sohn wieder auf die Schaukel. Ich hocke mich neben ihn und erkläre, dass nun das andere Kind dran ist und dass *wir* jetzt warten müssen, bis es fertig ist. Das gefällt ihm nicht – er protestiert und weint. Doch anstatt fremde Eltern zu erpressen, bleibe ich mit meiner

Aufmerksamkeit und Energie nur bei ihm. Hier muss sich niemand beeilen, damit mein Sohn aufhört zu weinen. Die Verantwortung für die Gefühle meines Sohnes liegt bei mir, nicht bei anderen Eltern oder sogar Kindern.

Bitte versteht mich nicht falsch, ich bin keine streitsüchtige Spielplatz-Mama, die nur darauf wartet, dass sie jemandem den Marsch blasen kann. Hätte die andere Mama beispielsweise freundlich gefragt, ob wir kurz unterbrechen könnten, weil sie ihrem Kind die Schaukel versprochen hatte und sie gleich losmüssen – kein Thema. Hey, wir sind alle im selben Eltern-Boot! Mit mir kann man immer reden – genau, mit *mir*. Was ich nicht leiden kann, ist indirekter Druck, der über die Kinder aufgebaut wird. Wenn jemand zu seinem oder meinem Kind etwas sagt, obwohl der Adressat eigentlich ich bin, lässt mich das sehr stur werden. Mein Kind muss nicht reflexartig teilen, sobald jemand anderes danach kräht. Ich habe triumphierend und gleichzeitig verunsichert den Spielplatz verlassen. Verunsichert, weil es Neuland für mich ist, anderen so selbstbewusst auf die Füße zu treten. Triumphierend, weil ich ein

Schutzschild für mein Kind sein konnte und mich nicht habe verscheuchen lassen.

Solche Spielregeln halten Rebecca und ich auch privat hoch. Sie haben nicht den Zweck, Frust und Tränen zu verhindern. Vielmehr bewirken sie, dass unsere Kinder lernen, dass alle Menschen Eigentums- und Persönlichkeitsrechte besitzen. Wir achten bei jedem Treffen auf die Regeln und begleiten aufkommenden Frust liebevoll und mit viel Verständnis:

1. **Was meinem Kind gehört, muss es nicht teilen**
   Man kann zum Teilen animieren, aber niemals zwingen, erpressen (*Guck mal, die ist jetzt ganz traurig, wenn du nicht teilst*), oder anders Druck aufbauen. Wenn mein Kind ein Spielzeug abgegeben hat und es zurückhaben möchte, muss das zurückgegeben werden. So hart es für die Kleinen manchmal ist: Eigentum ist Eigentum. Bei öffentlichen Spielgeräten (Rutsche, Schaukel, etc.) wartet mein Kind, bis die anderen fertig sind oder der Weg frei ist.

2. **Jeder schützt sein eigenes Kind**

Ich muss mein Baby hochnehmen, wenn es zu wild wird – nicht warten, dass jemand anderes sein Kleinkind zurückpfeift.

3. **Ich bin der verlängerte Arm meines Kindes**

Wenn jemand meinem Kind etwas aus der Hand reißen möchte, darf ich mit festhalten. Wenn mein Kind eine Berührung oder Ähnliches nicht möchte, darf ich für mein Kind dazwischen gehen.

4. **Alle Gefühle sind erlaubt - nicht jedes Verhalten ist okay**

Ein trauriges, wütendes oder frustriertes Kind wird immer liebevoll getröstet. Wir dürfen und müssen als Eltern Grenzen setzen, wenn unser Kind andere beim Spielen stört oder verletzt – ohne Bestrafungen oder Drohungen wie: „Lass das sofort, sonst gehen wir!"

Der Fernseher, mein Babysitter

Rebecca

„Wenn ich später mal Kinder habe, werde ich das *ganz anders* machen“, dachte ich früher, als ich Eltern im Restaurant sah, die ihre Kinder mit einem iPad oder Smartphone ruhig gestellt hatten. Heute denke ich: Ha. Ha. Ha. Selten so gelacht. Denn natürlich habe ich all das, wofür ich andere Eltern früher kritisch beäugt hatte, inzwischen selbst zig Mal getan. Hochmut kommt bekanntlich vor dem Fall. Und der kam bei mir so:

Als meine Tochter anderthalb Jahre alt war, wurde der Fernseher für sie interessant. Im Vergleich mit meinem Umfeld war das relativ spät. Nicht, dass ich das Gerät nicht früher schon für sie eingeschaltet hätte, beispielsweise wenn einer von uns Eltern krank war. Aber sie wandte sich jedes Mal nach wenigen Minuten ab und suchte sich eine andere Beschäftigung. Bis sie irgendwann doch hängenblieb. Ich vertraute damals auf mein Bauchgefühl: Hin und wieder ein bisschen fernzusehen ist in Ordnung.

Ich würde behaupten, dass mein Radar alles in allem gut funktioniert hat. Ein zentraler – und Spoiler: problematischer – Bestandteil im Leben meines ersten Kindes wurde der Fernseher erst in den Monaten, nachdem mein zweites Kind geboren worden war. Immer dann, wenn meine Tochter aus der Kita wieder zuhause war und ich weitere zwei bis vier Stunden überbrücken musste, bevor mein Mann von der Arbeit kam.

Stundenlanges Glotzen

In den ersten Lebensmonaten bestanden die Tage meines Sohnes aus nichts anderem als: schlafen, gewickelt und gestillt werden, wieder schlafen. In diesen eng getakteten Rhythmus noch pädagogisch wertvolle Aktivitäten für eine Zweijährige reinzustecken, während ich unter extremem Schlafmangel litt, war für mich ein Ding der Unmöglichkeit. Meine Tochter war einfach noch zu klein, um sich stundenlang allein und analog zu beschäftigen. So vergingen mindestens drei Monate, in denen meine Tochter nach der Kita, bevor mein Mann nach Hause kam, fast durchgehend vor dem

Fernseher saß und „Paw Patrol", „Teletubbies" oder „Bobo Siebenschläfer" schaute.

Eine Weile habe ich das einfach hingenommen. Nicht, weil es mich nicht kümmerte, welche Auswirkungen dieser Medienkonsum auf mein Kind hat. Sondern weil es für mich nicht anders ging. Wenn zwei Kinder stundenlang gleichzeitig an mir zerren, dauert es nicht lange, bis meine Stressresistenz erschöpft ist. Es war mir zu der Zeit lieber, dass die Große vor dem Fernseher sitzt, als dass ich permanent die Nerven verliere.

Ich bemerkte natürlich, dass der Fernseher für sie zur Gewohnheit wurde und dass sie erwartete, ihre Sendungen gucken zu dürfen, sobald wir durch unsere Wohnungstür gelaufen waren. Dann saß sie neben mir auf dem Sofa und glotzte wie versteinert in den flimmernden Kasten, während ich meinen Sohn in den Schlaf stillte. Mein schlechtes Gewissen machte es sich nach kurzer Zeit mit uns auf dem Sofa gemütlich. *„Paw Patrol, Paw Patrol, die Helfer auf vier Pfoten…"* Und schon fing die nächste Folge an.

Ein paar Fakten

„Du bist auch nur ein Mensch. Du kannst dich nicht zerreißen", sagte Sophia damals und beruhigte meine Schuldgefühle. Zumindest für den Moment. Ich wusste, dass der Fernseher Mist war.

Je nach Alter und Dauer der Bildschirmzeit kann so ein Medienkonsum bei Babys und Kleinkindern Entwicklungsverzögerungen auslösen: Die Kinder sind dann langsamer in ihrer Motorik und Sprache, öfter desinteressiert. Sie schlafen schlechter, haben häufiger Probleme, Emotionen zu regulieren. Zu diesem Ergebnis kamen unlängst Forscher aus Philadelphia.[9] Entwicklungsverzögerungen stellte auch eine japanische Studie von 2023 fest. Hier war die Bildschirmzeit nicht die direkte Ursache, sondern die damit automatisch fehlenden sozialen Interaktionen im echten Leben. In anderen Worten: Je häufiger und länger Kinder vor dem Fernseher sitzen, desto weniger Impulse bekommen sie von anderen Kindern, Erwachsenen und ihren festen Bezugspersonen. All das brauchen sie jedoch, um sich altersgerecht zu entfalten.[10]

Mein Wendepunkt

Dass zu viel Bildschirmzeit nicht gut sein kann, wissen wir alle intuitiv, die wissenschaftlichen Ergebnisse bestätigen es nur. Aber – und das ist ein großes Aber – ich kann und will an dieser Stelle nicht den moralischen Zeigefinger heben; der Beginn dieses Kapitels zeugt davon. Ich bin der Meinung, dass es auf der einen Seite das wissenschaftlich fundierte Ideal gibt und auf der anderen Seite die Realität des Alltags mit kleinen Kindern. Die Bundeszentrale für gesundheitliche Aufklärung empfiehlt zwar, Kinder unter drei Jahren überhaupt nicht vor einen Bildschirm zu setzen und im Alter zwischen drei und sechs Jahren für maximal 30 Minuten.[11] Gleichzeitig ist das für viele Familien schlicht und ergreifend nicht realistisch, weil ihr Alltag es nicht anders zulässt – wie bei mir.

Ich wusste, dass die vielen Stunden vor dem Fernseher in den Monaten nach der Geburt meines Sohnes nicht gut für meine Tochter waren. Ich wusste auch, dass ich mich in einer Lebensphase befand, in der kurzzeitig andere, sehr viel laxere Regeln gelten mussten und ich mich nicht vom eigenen Anspruch in die totale Erschöpfung drücken lassen konnte – zumindest solange, bis mein Sohn etwas älter war. Es war eine Kosten-Nutzen-Rechnung.

Der Wendepunkt kam bei uns, als mein Sohn ungefähr sieben Monate alt war. Seine Wachzeiten waren länger, und er war mittlerweile mobil. Immer öfter erschien es mir sogar einfacher, den Fernseher auszulassen, wenn ich mit beiden Kindern allein war, da sie sich nun zunehmend miteinander beschäftigten. Sie taten das zwar nie länger als ein paar Minuten, aber immerhin. Ich bemerkte zugleich, dass sich die Laune meiner Tochter besserte und sie weniger Wutanfälle hatte. Sie schlief abends schneller ein, und je mehr Zeit verging, desto seltener fragte sie nach dem Fernseher.

Meine Lösung

Predige ich zum Schluss doch noch, dass nur ein Leben ohne Fernseher das wahre Leben ist? Nein. Auch ich habe den Fernseher nicht aus unserem Leben verbannt. Zum einen, weil ich Bildschirme nicht pauschal verteufeln will; ich erinnere mich zum einen bis heute sehr gerne an Filmabende mit meiner kleinen Schwester zurück. Und ich freue mich selbst wie ein kleines Kind, dass meine Tochter in „König der Löwen“ vernarrt ist. Der Film, die Musik, das Buch waren der Inbegriff meiner eigenen Kindheit.

Zum anderen kommt der Fernseher auch dann noch zum Einsatz, wenn es nicht anders geht: wenn beide Kinder krank sind oder wenn ich meinen Sohn ins Bett bringen muss und sonst gerade niemand da ist, der solange auf meine Tochter aufpassen kann. Manchmal läuft die Kiste auch, wenn ich arbeiten muss, oder merke, dass uns allen gleich die Hutschnur platzt. In solchen Momenten ist der Fernseher nach wie vor ein Babysitter, nicht mehr stundenlang und täglich, aber hin und wieder, wenn es nicht anders geht.

So habe ich die Bildschirmzeit reduziert:

1. **Vorbild sein – und den eigenen Medienkonsum hinterfragen**
   Kinder lernen durch Imitation. Wenn Eltern ständig das Handy in der Hand haben oder der Fernseher zur Abendroutine gehört, wie kann man dann von den Kindern erwarten, dass sie sich lieber ein Buch anschauen? Wir verbannen unsere Handys abends in eine Schale im Flur, und den Fernseher lassen wir aus, solange die Kinder noch wach sind. „Tagesschau" können wir später schauen. So bleibt mehr gemeinsam erlebte Zeit als Familie.

2. **Bücher oder Tonie-Figuren passend zur Lieblingsserie anbieten**
   Wenn der Fernseher plötzlich ausbleibt, kann schon mal der ein oder andere Tobsuchtsanfall folgen. Ich war selbst überrascht, wie schnell und intensiv meine Tochter Beziehungen zu den sprechenden Hunden der „Paw Patrol" und einigen Charakteren aus „Der König der

Löwen“ aufgebaut hatte. Bücher und Tonie-Figuren passend zu den Serien haben ihr über den Abschiedsschmerz hinweggeholfen.

3. Externe Hilfe holen

Als meine Kinder zweieinhalb Jahre und sechs Monate alt waren, haben wir eine Babysitterin engagiert. Nicht im klassischen Sinne: Sie passt (noch) nicht auf unsere Kinder auf, während wir ausgehen. Sie ist ein- bis zweimal pro Woche ab dem späten Nachmittag bei uns, hilft im Haushalt oder spielt mit den Kindern, während ich andere Dinge erledigen kann. So reduziert sich die Zeit, die ich alleine mit den Kindern bin – und der Fernseher laufen könnte.

Solltest du Familie in der Nähe haben, könntet ihr versuchen, ebenfalls einmal in der Woche eine feste Zeit zu verabreden, in der jemand vorbeikommt und dir unter die Arme greift. Ich erwähne das explizit, weil ich weiß, dass es Eltern gibt, die denken, sie hätten irgendwie versagt, wenn sie sich Hilfe holen, egal ob familiär oder bezahlt. Ich sage dir: Du musst nicht alles allein schaffen.

Me-Time: Das geht auch ohne Wellnesshotel

Rebecca

„Was habe ich eigentlich mit der ganzen Zeit gemacht, als ich noch keine Kinder hatte?“ Diese Frage steht wie bestellt und nicht abgeholt in meinem Kopf, nachdem ich meine damals fünf Monate alte Tochter gerade zum Schlafen hingelegt habe. Ich weiß, dass sie maximal dreißig Minuten alleine schlafen wird, bevor ich wieder springen muss. Ich will dringend etwas für mich tun, irgendwie dafür sorgen, dass ich wieder Energie habe. Nur was passt in dieses winzige Zeitfenster von einer halben Stunde? Weil mir nichts Besseres einfällt, plumpse ich mit dem Handy aufs Sofa und scrolle sinnlos von Reel zu Reel. Ich kann meinem Äffchen-Gehirn regelrecht dabei zuschauen, wie es von Dopamin-Hoch zu Dopamin-Hoch springt, ohne dass ich zur Ruhe komme. Gefühlte fünf Minuten später wacht meine Tochter auf. Die Pause ist dahin, mein Tank noch leer und ich wütend auf mich selbst.

Kommt dir das bekannt vor? Herzlich Willkommen im Labyrinth der elterlichen „Me-Time". Schon dieser Begriff: Ich kenne niemanden, der so oft mit diesem dämlichen Anglizismus um sich wirft wie Eltern (mich eingeschlossen).

Nimm den Druck raus

Warum fällt uns oft nicht ein, was uns guttun würde? Ganz einfach: Weil wir vor unseren Kindern nicht so intensiv darüber nachdenken mussten. Freie Zeit, die wir nach unserem Gusto füllen können, ist den allermeisten von uns neben der Arbeit, der Ausbildung und/oder dem Studium einfach zugefallen. Selbst wenn eine Woche doch mal voll war, mit Arztbesuchen, Prüfungen oder wichtigen Terminen bei der Arbeit, wussten wir: Das Wochenende naht, und spätestens dann haben wir unsere Pause und können auf dem Sofa versumpfen, ohne irgendetwas zu *müssen*. Aufwachen, in Ruhe Kaffee trinken, später aufs Sofa wechseln, um für die nächsten Stunden unsere Lieblingsserie anzumachen und höchstens für einen Kurztrip zum Kühlschrank aufstehen: Na, wer erinnert sich?

Dieser Luxus des Trödelns, diese süße Autonomie und Verantwortungslosigkeit sind mit einem Schlag dahin, wenn dein Kind geboren wird.

Gerade in den ersten Jahren gibt es kaum einen Moment, in dem deine Bedürfnisse noch an erster Stelle stehen. Me-Time ist dann nicht mehr etwas, das wir nach Lust und Laune stattfinden lassen können. Im Gegenteil: Es braucht Planung, rund um Schlafphasen und Kita-Zeiten der Kinder und mit gemeinsam geplanten Kalendereinträgen der Eltern.

Kinderfreie Zeit wird zum ultimativen Luxusgut, und das will durchdacht genutzt werden – was wiederum mentale Kraft kostet, die wir als Eltern oft nicht haben. Dieses Dilemma erst einmal anzuerkennen, hat bei mir viel Druck rausgenommen. Ich war nicht zu dämlich, um mir wohltuende Hobbys zuzulegen. Ich war groggy.

Lass deine Ansprüche los

Mir hat vor allem der Abschied von zwei Gedanken

geholfen. Erstens: Me-Time muss etwas Großes sein, ein Wochenende im Spa-Hotel, ein Tag in der Saunalandschaft, eine Reise mit Freundinnen. Zweitens: Me-Time ist die eine *Sache*, auf die ich immer wieder zurückgreife.

Richtig verstanden, ist Me-Time jede Form von Zeit *für dich* und alles, was *dir* guttut – egal, wie groß oder klein. Lass dir nicht von Instagram einreden, dass du ein Dampfbad und Gurkenscheiben auf den Augen brauchst, um etwas für dich zu tun. Auch Räucherstäbchen und eine Meditation müssen nicht das klischeebehaftete Mittel der Wahl sein. Es geht nicht darum, was andere unter Me-Time verstehen, sondern nur *um dich*.

Ich habe irgendwann mein Handy weggelegt und aufgehört zu googeln, was Me-Time für andere Mütter bedeutet. Stattdessen habe ich mich aufs Sofa gesetzt, ohne Musik oder Podcast auf den Ohren und ohne laufenden Fernseher. Mein Handy lag im anderen Zimmer, sicherheitshalber. Fünf Minuten lang saß ich einfach da… zehn Minuten ... fünfzehn. Ich wartete ab, wohin mich meine

Gedanken tragen würden. Es klingt abgedroschen, aber ich dachte: Wenn ich herausfinden will, was mir in diesem neuen Leben als Mutter guttut, muss ich mich selbst erstmal wieder neu kennenlernen.

Ich erzähle dir nicht, was am Ende auf meiner Liste gelandet ist. Zum einen, weil sich diese Dinge immer wieder verändern – je nach Laune und verfügbarer Zeit. Zum anderen, weil es nicht darum geht, dir meine Me-Time-Vorlieben aufzudrücken. Hier sind stattdessen drei Fragen, die du dir stellen kannst:

Bin ich ein eher extrovertierter Mensch oder introvertiert?
Bedeutet hier: Tut es mir gut, mich mit Menschen zu umgeben? Oder rauben mir soziale Anlässe Energie?

Welche Kleinigkeiten haben mir vor der Geburt Freude bereitet?
Hier liegt die Betonung auf „Kleinigkeiten". Es geht darum, etwas zu finden, das du einfach in deinen Alltag integrieren kannst. Rufe dir entspannte Momente aus deinem alten, kinderlosen Leben ins

Gedächtnis. Vielleicht war das ein Spaziergang am Abend, in Ruhe kochen oder nur eine kurze Autofahrt allein mit deiner Lieblingsmusik. Hier ist alles erlaubt.

Was hilft mir, aus meinem Alltag auszubrechen?
Hier denken wir in größeren Dimensionen. Das Elternleben besteht aus so vielen Routinen und durchgetakteten Abläufen, dass wir hin und wieder im Wortsinne ausbrechen müssen. Dann reicht es nicht mehr, sich kurz im Badezimmer zu verkrümeln, dann brauchen wir räumliche Distanz zu unserem Leben zu Hause. Was das heißen kann? Siehe oben: ab in die Sauna für ein paar Stunden. Oder schnell noch Kinotickets für eine Freundin und dich reservieren. Was auch immer – Hauptsache ist, du kommst raus.

Lerne, deine freie Zeit zu planen - und nimm sie ernst

Als unsere Tochter kurz vor ihrem ersten Geburtstag stand, habe ich mit ihr und meinem Mann einen Spaziergang gemacht. Wir unterhielten uns darüber, was für ein intensives Jahr hinter uns lag. Ich hatte zuvor gelesen, dass sich Paare mit Kindern oft aus den Augen verlieren, weil vieles im Leben aufs „Funktionieren“ ausgelegt ist und eigene Bedürfnisse mal bewusst, mal unbewusst in der Versenkung verschwinden. Also fragte ich ihn: „Gibt es etwas, das dir fehlt?“ Er antwortete: „Zeit. Zeit für mich allein.“ Ich nickte. Mein Mann und ich ticken in der Hinsicht sehr ähnlich. Auch ich komme vor allem runter, wenn ich allein bin und auf niemanden eingehen und für niemanden mitdenken muss. Wir brauchen das beide. Dieser Spaziergang war der Startschuss für unsere **Me-Time-Abende** und unsere **Wochenend-Regel**.

Fortan setzten wir uns jeden Sonntagabend zusammen und sprachen die nächste Woche durch: Jeder durfte sich einen Abend aussuchen, an dem der andere unsere Tochter komplett übernahm, ihr das Essen machte und sie schlafen legte. Das andere Elternteil war raus und durfte den ganzen Abend tun, was er wollte: ausgehen, sich in einem anderen Zimmer vorm Fernseher verkriechen, sich in der Badewanne die Haut faltig legen – egal. Es ging darum, einen relativ großen Zeitblock zur freien Verfügung zu haben. Das bedeutete auch, dass das Elternteil, das sich an diesem Abend um das Kind kümmerte, den anderen in Ruhe lassen musste. Wir achteten penibel darauf, nicht doch noch zwischen Tür und Angel irgendetwas Organisatorisches zu besprechen oder den anderen zu bitten, schnell nur diese eine Windel zu wechseln. Der Me-Time-Abend war nicht verhandelbar.

Ähnlich gingen wir am Wochenende vor: Jeder von uns durfte an einem Samstag oder Sonntag ausschlafen und dann noch einige Stunden liegen bleiben. Der andere stand früh mit unserer Tochter auf und kümmerte sich den Vormittag lang alleine um sie. So erhielten wir beide einmal die Woche die Möglichkeit, nicht sofort für die Familie funktionieren zu müssen und stattdessen – wie früher – für ein paar Stunden in den Tag hineinleben zu können.

Natürlich musst du unser Konzept nicht übernehmen. Jede Familie und jeder Alltag sind anders, aber ich empfehle dir sehr, deine Me-Time und die deines Partners gemeinsam zu planen und sie dann ernst zu nehmen. Me-Time ist kein „Nice to have", sondern ein „Must have". Die Frage, ob du als Mutter überhaupt Me-Time haben darfst, solltest du dir verbieten. Du kannst weder für deine Kinder noch für deinen Ehemann die Person sein, die du sein willst, wenn du dich nicht regelmäßig um dich selbst kümmerst.

Natürlich verliert Me-Time für Eltern Spontanität, jedenfalls für die ersten Jahre. Das muss aber nicht heißen, dass sie weniger erholsam ist. Wenn ich einige harte Tage mit Kind hinter mir habe, hilft es mir sogar, in meinen Kalender schauen zu können und zu wissen: Da ist meine nächste Pause, garantiert.

Und wenn ich einfach keine Zeit für mich finde?

Gut, das klang zum Schluss vielleicht etwas streng. Als würdest du alles falsch machen, wenn du noch keinen Kalendereintrag hast, der „Me-Time" heißt. Das will ich natürlich nicht sagen. Denn hier kommt die Einschränkung: Ja, es gibt Phasen mit Kind, da kannst du dir noch so viel Mühe geben und noch so perfekte Absprachen treffen, und es klappt trotzdem nicht. Me-Time ist ein elementarer Bestandteil von mentaler Gesundheit – doch hin und wieder ist sie trotzdem nicht möglich. Diese beiden Erkenntnisse dürfen gleichzeitig existieren. Vielleicht ist das Kind gerade krank. Oder es steckt gerade in einer kompromisslosen Mama-Phase und lässt sich nur von dir ins Bett bringen. Oder es ist noch ganz klein, du stillst voll und kannst dich deshalb abends nicht einfach für ein paar Stunden ausklinken.

Immer wenn ich in solchen Phasen steckte, bin ich zu der Frage ausgewichen, die ich dir unter Schritt zwei gestellt habe: Welche *Kleinigkeiten* tun mir gut? Eine Dusche, ohne dass mein Kind an mir klebt, hat mir in diesen Phasen oft schon geholfen. Auch fünf Minuten alleine auf dem Klodeckel waren mitunter schon eine kleine Me-Time – ganz unironisch.

Ich weiß, es gibt Elternblogs und Instagram-Accounts, die predigen: Duschen, schlafen, kochen, aufräumen und einkaufen sind keine Me-

Time, sondern Grundbedürfnisse oder To-dos. Ich habe das auch mal geglaubt. Spätestens seitdem mein zweites Kind auf der Welt ist, bin ich davon abgerückt. Denn mal im Ernst: Bist du noch nie zu voll aufgedrehter Musik mit dem Staubsauger durch die Wohnung getänzelt und hattest Spaß? Allein die Tatsache, dass du nicht darauf achten musst, was dein Kind gerade macht oder leise sein musst, damit du es bloß nicht weckst, kann sich wie ein kleines, aber feines Stück Freiheit anfühlen.

Was ich sagen will: Der Kontext ist entscheidend. In welcher Lebensphase befindest du dich? Wie alt sind deine Kinder? Wie involviert ist dein Partner? Wie heftig war der letzte Kita-Winter? Wie lange dauert die Cluster-Feeding-Phase deines kleinen Babys schon? Je nachdem, wie du solche Fragen beantwortest, kann deine Me-Time-Liste völlig unterschiedlich aussehen. Das ist okay. **Me-Time ist, was *dir* guttut.**

„Jetzt schon? Der ist doch noch so klein" – mein Kind kommt in die Kita

Sophia

Jetzt wird es ernst. Nachdem mein Sohn und ich eine Woche lang – erst für 15 Minuten, dann für 30 Minuten, dann für eine Stunde – gemeinsam im Spielzimmer der Tagesmutter gehockt haben, steht nun die erste Trennung an. Seit Wochen mache ich mir Gedanken um diesen Moment. Ich gebe meinem Kind zu verstehen, dass ich jetzt gehe und ihn gleich wieder abhole. Dabei stehe ich auf, nehme meine Tasche und laufe auf wackeligen Beinen Richtung Eingangstür. Wie erwartet, rennt er mir panisch hinterher und streckt seine kleinen Ärmchen aus. *„Stark bleiben, Sophia, stark bleiben, jetzt nicht einbrechen, lass los…"*, sage ich mir in Gedanken. Ich drehe mich noch einmal um, zwinge mich zu einem Lächeln und winke ihm zu, während die Tagesmutter versucht, ihn auf den Arm zu nehmen, was er mit heftigem Strampeln beantwortet. Mit einem letzten Blick sehe ich noch, wie sie von ihm ablässt und schließe die Tür hinter mir. Ich stehe im Hausflur und höre meinen eigenen Atem. Mein Puls hämmert in meinem Hals, mein Sohn weint und schreit – getrennt durch diese Tür – nur ein paar Meter von mir entfernt. Würde man die Stresshormone in meinem Blut messen, könnte man davon ausgehen, dass gerade ein Tiger mit gefletschten Zähnen auf mich zu stürmt – so bedroht fühlen sich mein Körper und mein Mama-Herz. Zehn Minuten waren abgesprochen. *„Zehn Minuten, das schaffe ich, in der Zeit kann sich mein Sohn wahrscheinlich noch nicht ohnmächtig weinen*", denke ich. Ich gehe raus an die feuchte Herbstluft und nehme Rebecca eine Sprachnachricht auf. Sie hat die Eingewöhnung ihrer Tochter schon abgeschlossen und ich brauche den Zuspruch einer erfahrenen Kita-Mama. *„Ist es wirklich okay, seinem Kind so eine Tortur zuzumuten? Kann das echt gut sein? Ist er doch noch nicht bereit?*", frage ich sie.

Der richtige Zeitpunkt

Wann ist der richtige Zeitpunkt für die Fremdbetreuung – fürs Kind, aber auch für die Familie? In der Kommunikation nach außen machen viele Eltern Bekanntschaft mit zwei unterschiedlichen Lagern, die ich im Folgenden gerne illustrieren möchte.

Ein Szenario:
Du erzählst deinem Gegenüber, dass ihr demnächst mit der Eingewöhnung startet. Schock ist die erste Reaktion. Es folgen Sätze wie: „*Jetzt schon? Aber der ist doch noch so klein! Der kann doch noch nicht mal laufen, wie soll der sich zwischen all den Kindern behaupten? Wartet doch lieber noch ein Jahr.*" Gebetsmühlenartig spulst du ab: „*Wir brauchen nun mal das Geld, es ist uns die letzten Monate finanziell viel weggefallen. Ich bin auch nicht so glücklich den ganzen Tag mit Baby zu Hause. Ich freue mich darauf, wieder in meinen Job zurückzukehren. Die Kita ist echt schön…*" Doch das nützt nichts. Die Person gegenüber von dir, von der du dir Zuspruch erhofft hast, schüttelt mit dem Kopf und du bekommst ein schlechtes Gewissen – Zweifel an eurer Entscheidung plagen dich.

Ein anderes Szenario:

Du kommst mit einer Mutter auf dem Spielplatz ins Gespräch, während eure Kinder Sandkuchen backen. Sie stellt die Frage, auf die du schon gewartet hast: *„Und? In welcher Kita seid ihr?"* Du antwortest: *„In keiner Kita, ich bin mit dem Kind zu Hause"*. Entsetzt schaut sie dich an und möchte sich versichern, dass du von zu Hause arbeitest, eben mit Kind nebendran. Wie ein Roboter bringst du hervor: *„Meine Arbeit ist die Arbeit zu Hause mit dem Kind und dem Haushalt, ich gehe keiner Erwerbsarbeit nach. Wir haben uns das als Familie so ausgesucht und sind alle glücklich damit."* Obwohl du nicht nach ihrer Meinung gefragt hast, antwortet sie: *„Das könnte ich nicht. Ich brauche die Arbeit auch für mich, sonst wäre ich ja nur Mutter – das reicht mir nicht. Mein Kind braucht auch andere Kinder. Wir würden sonst alle verrückt werden zu Hause."* Damit sagt sie mehr über sich selbst als über dich aus – trotzdem tut es dir weh.

Dann existiert noch die Hölle fernab dieser Lager: Instagram. Dort gibt es große Accounts, deren Inhaberinnen sich selbst als besonders „feministisch“ empfinden. Sie propagieren „Equal Care“, was bedeuten soll, dass sich beide Elternteile die Fürsorgearbeit fair aufteilen. Nur lautet die Botschaft nicht: Teilt euch die Aufgabenbereiche so auf, dass es für euch als Familie gerecht ist. Viel mehr heißt es: 50:50 in jedem Bereich, oder ihr seid nicht feministisch organisiert. Über Väter wird gerne hergezogen, wenn sie sich keine Gedanken um neue Schuhe für die Kinder machen oder die aktuelle Windelgröße nicht wissen. Dass Männer auch ohne das Wissen über diese Eckdaten involvierte Väter sein können und oft anderen Mental Load tragen, wird verschwiegen. Das geht an der Lebensrealität von vielen Familien vorbei und missachtet, dass Gerechtigkeit und Gleichheit zwei unterschiedliche Dinge sind.

Neben den feministischen Mama-CEOs ist auf anderen Accounts von „Kitafrei bis zur Schule“ die Rede. Das soll auf einem dieser Bullerbü-Accounts der einzig richtige Weg sein, das eigene Kind nicht mit einer viel zu frühen Trennung von der Mutter zu traumatisieren. Auch hier wird das eigene

Familienmodell als Maßstab an andere Familien angelegt. Das ist nicht in Ordnung.

Bei all den Meinungen darüber, was der richtige Zeitpunkt für die Fremdbetreuung ist, wird gerne vergessen: Oft haben Familien keine Wahl. Entweder weil es in Deutschland viel zu wenige Kita-Plätze gibt und Eltern keine Betreuung für ihr Kind finden. Laut einer Studie der Bertelsmann Stiftung fehlten im Jahr 2023 etwa 384.000 Kita-Plätze und knapp 99.000 Fachkräfte. Oder weil es sich nicht jede Familie leisten kann, monate- oder jahrelang auf ein zweites Gehalt zu verzichten. Im schlimmsten Fall kommt beides zusammen.

Ist mein Kind bereit?

Ich war unterdessen völlig verunsichert. Es war mein erstes Kind. Ich machte das alles zum ersten Mal. Ich wusste noch gar nicht, wer ich außerhalb der Sorgearbeit zu Hause bin, weil ich bisher keinen Freiraum hatte. Ich hatte mich zwar halbwegs als Mutter, aber noch nicht als ganzheitliche Persönlichkeit – als Sophia – wiedergefunden. All das konnte ich zu dem Zeitpunkt der Kita-Frage kaum reflektieren, so wie ich es nun rückblickend kann.

Ich fragte mich immer wieder, was nun das Richtige sei. Schade ich meinem Kind, wenn ich den Kita-Start jetzt anpacke? Wann ist ein Kind bereit dafür, von der engsten Bezugsperson loszulassen? Darf ich das von meinem Kind verlangen oder ist das ein zu illegitimer Zwang dem Kind gegenüber, es trotz Protest liebevollen Pädagoginnen zu überlassen?

Ich beobachtete meinen Sohn genau, wollte wissen, ob ich an seinem Verhalten ausmachen kann, ob er bereit ist. Bei sozialen Anlässen testete ich, wie viel Action er verträgt, wie er mit einer lauten Geräuschkulisse umgeht und wie viel Rückversicherung er nach einem vollen Tag von mir brauchte. Im August 2022 kamen mein Mann und ich zu dem Schluss: Er ist soweit. Damals war er 17 Monate alt. Zufälligerweise fiel uns über den Job meines Mannes ohne jede Hürde ein freier Kitaplatz in die Hände. Nach nur wenigen Tagen Hospitation in der Einrichtung war für mich glasklar, dass es hier für uns nicht weitergeht. Zu viele Punkte haben mir missfallen und mich sogar schockiert. Sofort machte ich mich auf die Suche nach einer Tagesmutter, wozu mir meine Hebamme immer geraten hatte. Über die Liste meiner Stadt bekam ich die Telefonnummern aller Tagesmütter und machte mich daran, diese zu kontaktieren. Wir hatten Glück und noch in der gleichen Woche einen Kennenlerntermin, an dem mein Mann und ich mit der Tagesmutter auf den kleinsten Kinderstühlen hockten, die man sich vorstellen kann, während unser Sohn ohne Umschweife selbstbewusst durch das Spielzimmer stapfte. Mein Bauchgefühl gab sofort grünes Licht und die Tagesmutter bestätigte uns, dass unser Sohn gut in die Gruppe passte.

Rebeccas und mein Weg unterscheiden sich in einem großen Punkt: Ihre Tochter geht in eine Krippengruppe in einer Kindertagesstätte, mein Sohn wird von einer Tagesmutter betreut. Diese zwei Betreuungsformen haben Gemeinsamkeiten und Unterschiede, die wir aus unseren Erfahrungen heraus zusammengestellt haben. Achtung: Je nach Bundesland können sich einige dieser Punkte unterscheiden.

Die richtige Betreuungseinrichtung – darauf kannst du achten

Kita / Krippe	Tagesmutter
Betreuung bis zur Grundschule	Betreuung vor allem bis zum 3. Geburtstag
Erzieherinnen haben eine dreijährige Ausbildung	Grundqualifizierung von 160–300 Stunden
Betreuungsschlüssel nicht einheitlich geregelt	Intensive Betreuung, da max. 5 Kinder
Viele Räume, dafür höherer Geräuschpegel und mehr Action	Oft weniger Platz, dafür ruhiger und individueller
Früh- und Spätdienste, länger geöffnet	Maximal 8 Stunden Betreuung
Durchgehend geöffnet, außer Schließzeiten zu Ferien	Bei Urlaub / Krankheit zu, außer es gibt Vertretung
Elternvertretung und Elternabende	Kommunikation im kleinen Kreis
Eine feste / mehrere Bezugspersonen	Eine feste Bezugsperson

Soziale Kontrolle durch Kolleginnen	Arbeitet allein, Vertrauen muss da sein

Wird über zentrale Behörde organisiert
Kosten sind gleich (über die Stadt geregelt)
Bildungs- und Erziehungsauftrag
20 Stunden Fortbildung im Jahr sind Pflicht
Nahrhaftes gutes Essen (selbst gekocht oder Catering)

Unabhängig von der Art der Betreuung darfst du bei den ersten Besichtigungen auf dein Bauchgefühl hören. Wenn du eine Einrichtung betrittst, zählt der erste Eindruck. Ist alles liebevoll gestaltet oder gleichen die Räume einer kalten Turnhalle? Sind die Erzieherinnen entspannt und aufmerksam oder wirken sie gestresst und verschlossen? Fühlst du dich wohl und freundlich empfangen? Findest du eine strukturierte Atmosphäre vor oder ein hektisches Hin und Her? Wie verhält sich dein Kind? Klammert es sich nur an dich oder taut es nach genügend Zeit zum Ankommen auf und fängt an zu spielen? Wenn diese Punkte stimmen und ihr euch gut aufgehoben fühlt, spielt es keine so große Rolle mehr, ob das Mittagessen Bio ist oder nicht, ob der Außenbereich kleiner oder größer ist, und ob es etwas mehr Plastikspielzeug als zu Hause gibt. Montessori, Pikler, Waldorf, Froebel, kirchlicher Träger oder gar nichts davon – es kommt auf das Team vor Ort an, nicht nur auf das pädagogische Konzept. Wenn die Menschen vor Ort ihre Jobs gerne machen und dein Kind in jeder Situation liebevoll und verständnisvoll begleiten, dann seid ihr gut aufgehoben.

Mein Sohn geht jetzt zur Tagesmutter

Weißt du noch? Am Anfang dieses Kapitels habe ich dir von der ersten Trennung bei der Tagesmutter während der Eingewöhnung erzählt. Ich schulde dir jetzt den Ausgang der Geschichte. Denn egal, wann du dich dafür entscheidest, dein Kind in eine Fremdbetreuung zu geben, bleibt es ein großer Schritt für euch alle. Wir vertrauen – mehr oder minder – unbekannten Personen das Wertvollste an, was es auf dieser Welt für uns gibt.

Deswegen möchte ich dir am Ende dieses Kapitels den positiven Ausgang meiner Geschichte erzählen:

Noch bevor Rebecca mir antwortet, ploppt eine Nachricht der Tagesmutter bei WhatsApp auf, als ich schon langsam auf dem Weg zurück zu ihr bin: *„Lässt du uns noch etwas Zeit? Das wird gut!"* Dazu schickt sie mir ein Foto meines Sohnes. Es zeigt ihn, wie er auf einem großen Flugzeug aus Holz sitzt. Er sieht erstaunlich okay aus für den Umstand, dass er noch vor zehn Minuten geschrien hat, als würde ihn der Tiger gerade fressen. Die Tagesmutter schreibt weiter: *„Er hat sich nach einigen Minuten beruhigen lassen und beobachtet nun entspannt die anderen Kinder. Ich würde ihm gerne noch etwas Zeit dafür lassen. Aber nicht zu lange, wir wollen es nicht ausreizen. Möchtest du so in 5 Minuten kommen?"* Tränen schießen in meine Augen und das süße Foto meines Kleinen verschwimmt. Ich bin so stolz auf ihn! *„Alles klar, bis gleich"*, antworte ich. Sie entgegnet: *„Du machst das großartig, ich bin sehr stolz auf dich."* Meine Tränen halte ich nicht mehr zurück und schluchze vor Erleichterung und Rührung. Beim Abholen stürzt er mir glücklich in die Arme und lässt mich nicht mehr los. Wir haben tatsächlich die erste Trennung gemeistert und es hat mein Mama-Herz ordentlich durch die Mangel gedreht. Ich ziehe ihn an, während die Tagesmutter detailreich erzählt, wie er sich genau verhalten hat. So üben wir das Tag für Tag – nicht nur mein Sohn, auch ich. Wir üben das Ohneeinander unter der liebevollen Führung und Begleitung der Tagesmutter, dehnen die Zeiten der Trennung immer weiter aus, bis das zu Beginn große Unbekannte zur Routine wird.

Loslassen heißt nicht einander verlieren

Liebe Mama, die das hier liest, und sich in genau dieser Lage befindet:
Nein, du schadest deinem Kind nicht, wenn du es in eine liebevolle Betreuungseinrichtung gibst.

Dein Kind wird nicht traumatisiert, wenn sich andere Menschen fürsorglich um die kindlichen Bedürfnisse kümmern. Ja, es wird dir zu Beginn im Herzen wehtun und dich werden Ängste plagen. Ja, dein Kind wird bei den ersten Trennungen sehr wahrscheinlich weinen und seinen

Trennungsschmerz kundtun, denn du bist seine Lebensversicherung und seine allerliebste Person. Dein Kind darf traurig sein, wenn du gehst, und verunsichert durch die völlig neue Situation. Das gleiche gilt für dich. An dieser Stelle bekommen du und dein Kind die Chance, eine Beziehung zu einer festen Pädagogin in der Eingewöhnung aufzubauen und diese jeden Tag zu stärken. Loslassen heißt nicht, einander zu verlieren. Aus welchem Grund auch immer ihr euch für den Kita-Start entschieden habt, ihr dürft als Familie – wie auch jeder für sich – an dieser Herausforderung wachsen.

Kinder krank, Eltern krank – ein Survival Guide

Rebecca

Kranke Kleinkinder und Babys sind Herausforderung genug. Wenn die Eltern noch krank werden, ist es der Super-GAU.

In dieser Situation befinden sich meine Familie und ich im Januar nach der Geburt meines Sohnes. Meine Tochter hat mal wieder – wie fast jede zweite Woche in den Wintermonaten – eine Erkältung aus der Kita mitgebracht. Anders als zuvor stecken wir uns dieses Mal alle bei ihr an. Und zwar mit „All-Inclusive"-Paket: Schnupfen, Husten, Fieber. Kein gesunder Erwachsener steht mehr bereit, um den Haushalt zu schmeißen, Essen zu kochen und die Kinder liebevoll zu betreuen. Da sind nur mein Mann und ich: zwei Eltern, bei denen die Realität an die Tür klopft und ihnen erklärt, dass es vom Elternsein keine Krankschreibung und keinen gesetzlichen Urlaub gibt. Wer hätte gedacht, dass wir es mal als Luxus bezeichnen würden, in Ruhe krank sein zu dürfen? Einfach ins Bett legen, Filme laufen lassen, hin und wieder schlafen, Nasenspray bis zum Anschlag, Hustensaft auf ex: Ja, schön wär's.

Leider haben unsere sehr kleinen Kinder die Schulung verpasst, wie krank sein geht. Ich wäre vollkommen zufrieden damit, mich mit ihnen auf dem Sofa einzukuscheln, ab und zu für Snacks aufzustehen und mir zehn Folgen „Paw Patrol" am Stück reinzuziehen. Mit meiner damals Zweieinhalbjährigen würde das wahrscheinlich irgendwie funktionieren. Aber da ist noch der sechs Monate alte Säugling, der kurz davor ist, mobil zu werden. Schon im gesunden Zustand kommt mein Sohn im Laufe eines Tages in regelmäßigen Abständen an den Kipppunkt zwischen Motivation und Aggression, wenn er von A nach B kommen will, aber noch nicht kann. Diese Wut verwandelte sich jetzt, im erkälteten Zustand, in Raserei. Er schreit nur noch. Ich habe ihn in der Trage und er schreit. Ich lege ihn auf den Boden und er schreit. Ich halte ihm ein Spielzeug, die Milchflasche oder einen Löffel Brei hin, er schreit. Mein Sohn versteht nicht, warum er so wenig Kraft hat, was überhaupt mit seinem Körper passiert und warum das mit dem Robben jetzt noch schlechter funktioniert. Sein Wille und sein Körper arbeiten gegeneinander. Also schreit er – und treibt mich damit schier in den Wahnsinn. Denn gleichzeitig signalisiert mir mein eigener Körper, dass ich mich dringend ausruhen sollte. Jede Bewegung fällt mir schwer und mein Schädel brummt. In diesem Zustand geduldig auf schreiende Kinder zu reagieren und ständig in Bewegung zu sein, weil irgendjemand immer etwas braucht, fordert mir Kraft ab, die ich eigentlich nicht habe.

Nachdem unser Sohn irgendwann endlich eingeschlafen ist, sinken mein Mann und ich kraftlos aufs Sofa. Unsere Tochter schaut derweil fern. Jeder von uns atmet einmal tief ein, unsere Blicke treffen sich und wir wissen: Heute kann es nicht darum gehen, unsere sonst hochgehaltenen Erziehungsmaßnahmen brav umzusetzen. Heute gelten sowieso keine Regeln.

Die folgenden Leitlinien haben wir seither für solche Tage aufgestellt:

1. **Gesunde Ernährung war gestern**

Es ist die Dschungel-Camp-Variante von Elternschaft: Gegessen wird, was noch da ist oder geliefert werden kann. Spaghetti mit Ketchup? Her damit. Noch ein Quetschie fürs schniefende Kind? Hier, bitte. Der dritte Trinkkakao? Gönn dir! Hauptsache, alle werden satt.

2. **Lass die Kinder mal machen**

Das Baby will den Schuhschrank ausräumen und anschließend drei Klopapierrollen in der Wohnung verteilen? Das Kleinkind will den Geldbeutel begutachten, weil da so viele bunte Karten drin sind? Heute ist mir das egal. Solange sich meine Kinder nicht verletzen können, ist an Erkältungstagen alles erlaubt.

3. **Teil mit deinem Partner Tag- und Nachtschichten ein**

Unser erster Impuls ist es, alles gemeinsam schaffen zu wollen. Sprich: Die kränkelnde Familie ist ständig zusammen, und jeder versucht, hier und da wenigstens ein bisschen zu schaffen. Wenn die Eltern nicht richtig krank, sondern nur angeschlagen sind, kann das die Lösung sein. Aber dieses Mal muss ein anderes Konzept her, denn wir gehen beide am Stock. Also teilen wir den Tag in Blöcke ein: Von 9 bis 12 Uhr übernimmt der eine, von 12 bis 15 Uhr der andere, und so weiter. Wer etwas mehr Kraft im Tank hat, übernimmt zuerst. So bekommt jeder wenigstens etwas Ruhe.

Und das Wichtigste zum Schluss:

4. **Schwört euch als Team ein**
   Ich weiß, das klingt übertrieben. Aber wenn du schon mal krank mit kleinen Kindern zu Hause warst, weißt du, wie schnell große Konflikte aus kleinen Situationen entstehen können, weil niemand mehr Geduld und Verständnis für den anderen aufbringen kann. Da hilft es, einmal laut auszusprechen, dass man nur gemeinsam durchkommt. Mein Mann und ich sagen uns dann: „Wir werden uns heute vermutlich irgendwann mal im Ton vergreifen, aber, wenn, ist nichts, was wir sagen, persönlich gemeint. Der Gegner ist die Erkältung.“

TEIL 4: **ANGEKOMMEN?**

Selbstfindung – als ich dachte, dass Barfußschuhe meine neue Identität seien

Sophia

Als mein Sohn ein paar Monate alt war, stand ich kurz davor, aus meiner Höhle zu Hause auszubrechen. Es wurde langsam Sommer und die ersten Babykurse standen an. Natürlich wollte ich auch aussehen wie jemand, der bereit ist für diese schöne neue Welt. Ich stand also vor meinem randvollen Kleiderschrank – und hatte nichts zum Anziehen.

Da war wirklich *nichts*, was mir das Gefühl gegeben hätte, eine coole junge Mama zu sein. Meine Lieblingsjeans, die vor der Schwangerschaft noch passte, saß viel zu eng. Die Oberteile, die ich vorher so gerne angezogen hatte, waren zum Stillen völlig ungeeignet. Etliche Kleider und Blusen waren nicht dafür gemacht, unter einer Babytrage angezogen zu werden. So saß ich in manchen Stilleinheiten auf dem Sofa und füllte virtuelle Warenkörbe mit Stillmode und Babykleidung in der nächsten Größe, nur um beim Blick auf die hohe Geldsumme meine Sachen aus dem Warenkorb zu löschen, und ausschließlich für meinen Sohn zu bestellen.

Genau kann ich nicht mehr sagen, ob ich es mir damals selbst nicht wert war oder mich die Orientierungslosigkeit überforderte. Die Frage, die mich quälte, war nicht wirklich, ob ich 20 Euro extra für eine neue Bluse ausgeben soll. Sondern die Frage, die mir auf der Seele brannte, war: Wer bin ich eigentlich? Als Frau? Und als Mama? Wer ist diese neue Sophia?

Die körperlichen, psychologischen und emotionalen Veränderungen, die Frauen nach der Geburt eines Kindes durchlaufen, sind auch durch hormonelle Umstellungen bedingt – ähnlich wie in der Pubertät. Seit ein paar Jahren liest man in diesem Zusammenhang von den Begriffen „Muttertät" oder „Matreszenz".

Die Reise zum neuen Selbst stand bei mir unter dem Motto „Kleider machen Leute". Den Weg zur neuen Sophia beschritt ich auf der Suche nach *meinem* Stil.

„Mit dem ersten Kind wird man immer ein bisschen öko“, sagte die Frau meines Vaters in meiner Schwangerschaft zu mir. Ja, auch ich hatte eine kleine Öko-Phase. Sie konzentrierte sich auf eine Sache: Barfußschuhe. Das ist eines der Dinge, von denen ich dachte, sie als Mutter niemals anzutasten – jetzt stehen vier Paare in meinem Schuhregal (die ich nach wie vor liebe). Auf der Suche nach dem besten Schuhwerk für meinen neuerdings laufenden Sohn, kam ich an den minimalistischen Tretern nicht vorbei. Ihr müsst wissen: Wenn ich mir etwas Neues kaufen möchte, muss ich das zu Ende recherchieren. Dann lese ich Blogs, gucke YouTube-Reviews und kaufe mir sogar (den Habitus meines Vaters fortführend) für ein paar Euro den letzten großen Testbericht von Stiftung Warentest. Vorn schön breit mit Platz für die Zehen, flexibel und leicht, ohne Fußbett und mit einer hauchdünnen Sohle – so sollten Kinderschuhe nach meiner Recherche ausgestattet sein, um die Entwicklung des kleinen Fußes optimal zu fördern. Den horrenden Preis im Warenkorb ignorierte ich, schließlich stand ich kurz davor, meinen Sohn mit seinen ersten Schühchen vom Marktführer einzukleiden. Nachdem mir eben dieser wenige Wochen später eine Mail mit Rabattcode und reduzierten Modellen schickte, zögerte ich nicht und schlug auch für mich zu.

Damit gehörten wir auf dem Spielplatz zur ergonomischen Elite und ich fühlte mich – wissend, die Fußgesundheit meines Sohnes und mir nicht dem Zufall zu überlassen – zumindest untenrum sehr wohl (und anderen Eltern überlegen).

Die neue alte Sophia in mir

Die kleine Öko-Mama in mir hatte ich schnell lieben gelernt. Sie machte lange Zeit einen Großteil meiner Persönlichkeit aus. Doch irgendwann nagte die Frage an mir, wer ich darüber hinaus war. Denn während der gesamten zweijährigen Stillzeit war ich selten ohne Kind unterwegs. So wurde ich lange nicht dazu „gezwungen“, mir zu überlegen, wer ich ohne Kind und außerhalb des Spielplatzes sein wollte. Diese Gelegenheit bot sich, nachdem ich meinen neuen Job angenommen hatte. Eine

Festanstellung bei einer großen seriösen Zeitung – mein erster richtiger „Erwachsenenjob“. Dort fand ich eine alte Sophia wieder, die Business-Sophia (ohne Barfußschuhe). Ich erinnerte mich an all die schicken Looks, die ich vor der Schwangerschaft getragen hatte, für die ich nun wieder einen Anlass hatte. Klassische Outfits mit Anzughosen, Blusen und Blazer. Das Beste an einem klassischen Kleidungsstil ist, dass er nie überholt ist. Das bedeutet, dass man die Kleider über viele Jahre und Jahrzehnte tragen kann, ohne dass sie aus der Mode kommen. So konnte ich Sachen, die ich in meiner Ausbildung oder als Freelancer während des Studiums im Büro getragen hatte, wieder ausgraben, mit wenigen neuen Stücken ergänzen, und fühlte mich plötzlich richtig wohl.

Ich hatte ein Stück Sophia mit dem neuen Job und neuen-alten Kleidungsstil wiedergefunden. Es war für mich der fehlende letzte Teil meiner Persönlichkeit und ich fühlte mich neu angekommen als junge Mama. Es gab mir viel Selbstbewusstsein und Selbstwertgefühl, in einem professionellen Look und Kontext außerhalb meiner Rolle als Mutter zu agieren und für meine beruflichen Leistungen Wertschätzung zu erfahren. Heute wohnen beide Identitäten in mir: die Öko-Mama in Barfußschuhen und die Business-Sophia im Blazer. Ich muss mich nicht für eine „Seite" entscheiden und bin nicht mehr auf der Suche nach meinem Stil. Denn seien wir mal ehrlich: Man geht nicht im Blazer auf den Spielplatz. Jeder Look und jede Sophia-Identität haben nun ihren Anlass. So setzte sich das Puzzle meiner Persönlichkeit langsam wieder zusammen.

Selbstfindung braucht Zeit

Falls es dir gerade auch so geht, und du etwas verloren bist auf dieser Reise, lass dir von mir sagen: Ob mit Barfußschuhen, im Blazer oder Regenjacke – du bist schön so, wie du bist. Wenn du gerne ein paar Tipps mitnehmen möchtest, dann helfen dir vielleicht folgende Punkte:

» **Lass dir Zeit**

  Deine Identität fügt sich langsam neu zusammen. Du kannst deine Persönlichkeitsentwicklung nicht erzwingen. Wir dürfen uns ausprobieren und alte Vorsätze („Niemals Barfußschuhe“) links liegen lassen. Vertrau darauf, dass sich alles zur richtigen Zeit finden wird – auch du dich selbst wieder.

» **Was tust du nur für dich?**
Überleg dir, was dir vor der Geburt Spaß gemacht hat, wobei du dich lebendig gefühlt hast. Das können der Job sein, Hobbies, andere Tätigkeiten, wie in Ruhe die Nägel lackieren oder mit einer Freundin telefonieren. Räume dir Schritt für Schritt mehr Zeit dafür ein.

» **Halte nach Vorbildern Ausschau**
Früher hatten wir Bravo-Poster von Stars an den Wänden unserer Kinderzimmer (Ja, ich hatte die klassische Tokio-Hotel-Emo-Phase) – heute können es Influencer sein, von deren Stil und Lebensweise wir uns inspirieren lassen. Wichtig: Druck rausnehmen. Auch die Influencer, die immer ganz viel von „mehr Realität auf Instagram“ reden, zeigen sich selten verheult, mit fettigen Haaren und Milchflecken auf dem Shirt im Internet.

Mein Körper nach der Schwangerschaft: Kann ich das mit der „Body Positivity" bitte noch einmal sehen?

Rebecca

„Eigentlich", sagt meine Frauenärztin, „sollte eine Schwangere nicht für Zwei essen." „Entschuldigung? Habe ich das gerade richtig verstanden?", denke ich. Sagen kann ich nur: „Oh." Es ist meine erste Schwangerschaft. Einen Augenblick zuvor stand ich auf der Waage der Praxis. Ich war vor dieser Schwangerschaft sehr zufrieden mit meinem Körper gewesen, und bin irgendwie davon ausgegangen, dass das so bleiben würde, Schwangerschaft hin oder her. Jetzt war da diese Zahl auf der Anzeige der Waage, die ich noch nie im Leben gesehen hatte.

„Sie haben einen erhöhten Kalorienbedarf, aber der entspricht ungefähr einer extra Scheibe Brot oder zwei Bananen", sagt die Ärztin. „Verstehe", sage ich und denke an die Frühschwangerschaft, als ich meinen Mann mitten in der Nacht losgeschickt hatte, um mir vom Supermarkt im Hauptbahnhof „Froot

Loops“ zu besorgen. Wer sie nicht kennt: Das sind diese runden, sehr zuckrigen und nach künstlichem Fruchtaroma schmeckenden Kringel, die ich das letzte Mal gegessen hatte, als ich etwa neun Jahre alt war. Ich denke an den Nachmittag, an dem ich zwei Döner hintereinander verdrückt hatte und an die unzähligen Abende, an denen ich der Meinung war, dass ich nach dem eigentlichen Abendessen noch drei Scheiben Brot brauchte. Es war einfach herrlich, all diesen Gelüsten nachzugeben, ohne Wenn und Aber. Endlich alles essen, was ich mir zuvor verboten hatte. Endlich einfach nachgeben, wenn ich keinen Hunger, sondern nur ein bisschen Appetit hatte. Eine leise Stimme in mir wusste die ganze Zeit über, dass das alles nicht gesund war. Aber sie wurde von meinen Schwangerschaftshormonen niedergebrüllt. Ich musste doch das Kind in meinem Bauch versorgen!

Rückblickend ist es also eher ungünstig, dass das besagte Gespräch mit meiner Frauenärztin relativ spät in der Schwangerschaft stattfand. Die Zahl auf der Waage war zu dem Zeitpunkt schon ungesund weit nach oben geklettert. Bitte nicht falsch verstehen:

Es ist vollkommen normal, in der Schwangerschaft zuzunehmen. Das wachsende Kind, die Plazenta, das Fruchtwasser – diese Dinge allein sorgen schon für eine höhere Zahl auf der Waage. Durchschnittlich haben Frauen am Ende ihrer Schwangerschaft ein Plus von unter 20 Kilogramm. Ich nicht.

Die Quittung erhalte ich nach der Geburt. Meine Tochter ist ungefähr sechs Wochen alt, und ich erkenne die Frau nicht wieder, die mich im Spiegel anschaut. Diese Frau hatte immer noch sehr viel Bauch und ebenso viele Dehnungsstreifen. Der Bauchnabel sieht dreißig Jahre älter aus als der Rest des Körpers, und keines der alten Kleidungsstücke passt. Das kann unmöglich ich sein. Klar, es geht in der Schwangerschaft absolut nicht darum, einen makellosen Körper zu haben, und um Diäten geht es schon gar nicht – aber hatte das wirklich alles sein müssen, fragte ich mich. Frustriert, nein, erschüttert wende ich meinen Blick ab. Ich schlüpfe in ein T-Shirt meines Mannes. Das passt wenigstens.

Bei Instagram klicke ich mich durch verschiedene Accounts und Feeds. Der Algorithmus hat längst verstanden, dass ich ein Kind bekommen habe und zeigt mir entsprechende Profile an. Ich stolpere über das Bild einer Frau am Strand. Im Fokus steht ihr Oberkörper. Sie zeigt ihre Dehnungsstreifen, die sie auf dem Foto so bearbeitet hat, dass es aussieht, als hätte sie sich glitzerndes Pulver in die Risse ihrer Haut geklebt. „Mein Körper ist eine Karte, die zeigt, wie weit er mich gebracht hat: zu meinen Kindern. Ich bin stolz auf meine Dehnungsstreifen." Unter dem Post wird sie von anderen Müttern bejubelt, und das Abnehmen nach einer Schwangerschaft wird reihenweise kritisiert. Heuchlerisch sei das, seinen postpartalen Körper direkt wieder verändern zu wollen, nur um irgendeinem Ideal zu entsprechen, wir hätten doch gerade erst das Wunder der Geburt erlebt. Ich lege mein Handy weg. Muss ich meinen Körper lieben, egal wie er aussieht? Und egal, wie ich mich fühle?

Ich stelle mich nochmal vor den Spiegel und betrachte mich aus verschiedenen Winkeln. Ich fühle mich ebenso verraten wie missverstanden von diesen Frauen, die „Body Positivity" hochhalten wollen. Weder liebe ich diesen Körper, noch will ich irgendeinem Ideal entsprechen. Ich will mich in mir wohlfühlen, nicht anderen gefallen. Gleichzeitig bin ich wütend auf mich selbst. Wie hatte ich zulassen können, dass es so weit gekommen war?

Es dauert noch einige Wochen, bis ich mit diesem Thema konstruktiv umgehen kann: Ich bin diejenige, die sich die Sache eingebrockt hat, daher muss ich mich da wieder rausholen. Die Hände in den Schoß zu legen und zu sagen: „Tja, ich habe ein Kind geboren, jetzt sieht mein Körper nun mal so aus", ist für mich keine Option. Ich beschließe, dass mir egal ist, was andere Mütter mit ihren Körpern nach der Geburt machen und was sie für die moralisch richtige Haltung erachten.

Nach einem Rückbildungskurs fange ich mit leichtem Sport zu Hause an. Ich habe zunächst keinen Trainingsplan, dem ich streng folge. Das wäre mit Baby sowieso ein hoffnungsloses Unterfangen. Stattdessen wird YouTube mein bester Freund und „Postpartum Workouts" mein liebster Suchbegriff. Ich bin zufrieden, wenn ich es ungefähr dreimal pro Woche schaffe, zwanzig bis dreißig Minuten Sport zu machen. Das reicht, finde ich. Mein Körper findet das auch. Er ist von der Schwangerschaft und der Geburt noch beanspruchter, als ich es zunächst gedacht habe. Bei meinem ersten Versuch, eine Kniebeuge zu machen, habe ich das Gefühl, mein Beckenboden wird gesprengt, und gleich fallen unten alle Organe raus. Ich komme nicht mal halb so tief wie vor der Schwangerschaft und fühle mich alt.

Es dauert ein Jahr, dann sind meine Schwangerschaftskilos größtenteils verschwunden. Ich schaue in den Spiegel – und sehe trotzdem nicht die Frau, die vor der Schwangerschaft existiert hat. Diese Frau gibt es nicht mehr. Ich bin nicht mehr ganz so schlank wie sie und die Dehnungsstreifen werden für immer ein Muster auf meiner Bauchdecke zeichnen. Aber ich habe mit dieser neuen Version von mir im Laufe der Monate Frieden geschlossen. Ich verstand: Mein Erfolg war nicht mein Gewichtsverlust. Jedenfalls nicht nur. Mein Erfolg war, dass ich das annehmen konnte, was nicht zu ändern war und an dem gearbeitet hatte, was sehr wohl in meiner Hand lag. Meinen

Körper akzeptieren, nicht lieben, mit meinem Körper statt gegen ihn zu arbeiten – das war meine „Body Positivity".

Drei Dinge habe ich in dieser Zeit gelernt:

1. Deinen Körper für das Wunder der Schwangerschaft und Geburt zu respektieren, bedeutet nicht, dass du dein Aussehen danach mögen musst. Diese Gedanken dürfen gleichzeitig existieren.
2. Die wenigsten Frauen sehen kurz nach der Geburt aus wie vorher – und das ist okay. Lass ihm Zeit. Er muss heilen. Was du danach mit deinem Körper und deiner Figur machst, ist nur deine Sache.
3. Es wird Dinge geben, etwa Dehnungsstreifen, die du vielleicht nie an dir lieben wirst. Das musst du auch nicht. Ihre Existenz zu tolerieren, reicht aus.

„Wart's mal ab" – wird es nie einfacher?

Rebecca

Hast du sie schon kennengelernt: diese „Wart's mal ab"-Eltern, die dir ständig erzählen wollen, wie anstrengend es für immer bleibt, wie groß die Herausforderungen noch werden und wie schlimm das Leben mit Kindern überhaupt ist? Irgendwann habe ich aufgehört zu zählen, wie oft mir diese Warnungen um die Ohren geflogen sind. Solltest du das Glück gehabt haben, noch nie einem „Wart's-mal-ab"-Elternteil über den Weg gelaufen zu sein, hat Sophia ein Beispiel für dich:

Es ist 15:30 Uhr und wir haben es endlich aus der Wohnung geschafft. Mit meinen ungewaschenen Haaren, der Jogginghose, Regenjacke und den UGG-Boots ist auf den ersten Blick nicht erkenntlich, ob ich auf der Suche nach einem Dach über dem Kopf, ein Berliner Hipster oder eine müde Mutter bin. Aus der Ferne sehe ich eine andere Mutter mit einem etwas älteren Kind auf dem Spielplatz. Ich kann einen kleinen Plausch gebrauchen, ich habe mich heute bisher mit niemandem unterhalten. Wir kommen ins Gespräch, und ich erzähle ihr, wie anstrengend es gerade für mich ist, weil mein Sohn anfängt zu krabbeln und ich nur hinterherrenne. Da sagt sie diese verfluchten Worte: „Wart's mal ab!" Sie fügt schrill lachend hinzu: „Wart's mal ab, bis er anfängt sich hochzuziehen und zu laufen, DANN wird es wirklich stressig!". Verdutzt stehe ich da und schaue mein Kind an, das sich gerade eine Schaufel voll Sand in den Mund schiebt. Ich habe keine Lust mehr, mich zu unterhalten. Etwas Zuspruch wäre schön gewesen oder zumindest ein kleines „Daran erinnere ich mich auch noch zu gut." Irgendetwas, das mir für einen Moment den Eindruck vermittelt, dass wir Eltern zusammenhalten und uns gegenseitig durch Worte unterstützen. Aber da ist nur das Gefühl, dass ich gerade kein Recht darauf habe, etwas anstrengend zu finden, weil die andere Mutter meine Empfindungen kleinredet und meine Anstrengungen bagatellisiert. Sie tut das nur, um sich selbst gut zu fühlen.

Ich – hier schreibt jetzt wieder Rebecca – will gar nicht abschließend bewerten, warum manche Eltern diesen „Wart's-mal-ab"-Satz so gerne formulieren. Vielleicht hätten sie selbst in der Vergangenheit Zuspruch gebraucht und nicht bekommen; wer weiß das schon. Ich weiß nur, dass ich kein einziges Elternteil kenne, das positiv reagiert hat, wenn ihnen der „Wart's mal ab"-Spruch gedrückt wird. Es ist doch so: Wir alle finden Elternsein oft anstrengend, die einen mehr, die anderen weniger. Die Eine findet die Babyjahre besonders kräftezehrend, die Nächste die Wutanfälle eines Kleinkindes. Aber an irgendeinem Punkt haben wir doch alle mal gedacht: „Wann wird es endlich besser?" Warum können wir dann nicht die Empathie für die Perspektive der jeweils anderen aufbringen?

Ich habe zum Beispiel sehr unter dem ersten Babyjahr gelitten. Die fehlende Autonomie, die schlechten Nächte, das sehr eingeschränkte Kommunikationsverhalten der Kinder – all das hat mich bei meiner Tochter sehr belastet, und es belastet mich jetzt, während dieses Buch entsteht, ebenso sehr bei meinem Sohn. ABER: Ich weiß heute, dass es besser wird. Je älter meine Tochter wurde, desto mehr persönliche Freiheiten sind im Umgang mit ihr zurückgekehrt, desto ausgeglichener hat sich mein Leben angefühlt. Mit meinem Sohn wird es auch so sein, das weiß ich.

Was ich dir in diesem Kapitel versprechen möchte, ist das hier: Ja, du wirst dein Leben wieder genießen. Es wird nicht frei von herausfordernden Phasen sein, aber es wird nicht immer durchgehend kräftezehrend bleiben. Das heißt auch, dass wir die negativen Kommentare irgendwelcher Eltern auf Spielplätzen und in Krabbelgruppen fröhlich beiseite schieben und uns auf die positiven Momente mit unseren Kindern konzentrieren können. Wenn du also gerade mitten in einer harten Phase steckst und dich fragst, wann es endlich besser wird, dann sage ich dir:

Wart's mal ab bis...

... dein Kind dir das erste Mal sagt, dass es dich lieb hat;

... ihr als Familie schief und krumm Kinderlieder zusammen im Auto singt und ihr euch kringelig lacht;

… dein Kind das erste Mal bewusst Schnee sieht und dann völlig begeistert seine eigenen Fußspuren studiert;

… dein Kind anfängt, zu sprechen und du deine Sprachmarotten in den Formulierungen des Kindes entdeckst;

… dein Kind die erste beste Freundin oder den besten Freund hat und sie zusammen spielen, als gäbe es niemanden sonst auf der Welt;

… du die Geschwisterliebe zwischen deinen Kindern beobachten kannst: wie sie sich umeinander kümmern, miteinander spielen und im selben Bett schlafen wollen;

… dein Kind sich für sich selbst und für dich eine Gute-Nacht-Geschichte aussucht und ihr zusammen kuschelt und lest;

… du deinem Kind dein eigenes Lieblingsgericht kochst und es ihm auch schmeckt;

… dein Kind dir freudig zum Abschied winkt, weil es einen tollen Abend mit der Oma verbringen wird und du mit deinem Partner ausgehen kannst;

… dein Kind in deinem Arm aufatmet, nachdem es sich wehgetan hat, weil du sein sicherer Hafen bist;

… dir euphorisch mit ausgebreiteten Armen entgegenläuft, wenn du von der Arbeit nach Hause kommst;

… ihr die Filme und Serien aus deiner Kindheit schauen könnt und dein Kind es genauso toll findet wie du;

… dein Kind dir begeistert etwas zeigen will, das es gerade eben gelernt hat und ruft „MAMA, GUCK MAL!“

… du auf die harten Phasen zurückschaust und denkst: War krass, aber ich hab's irgendwie gepackt.

Das hier ist kein Einzelkampf – warum Mütter andere Mütter brauchen

Rebecca

Es gibt eine Situation – mein zweites Kind war gerade zwei Monate alt –, die ich nie vergessen werde: Ich bin mit meinem Stillbaby in die Kita gefahren, um meine große Tochter abzuholen. Zuvor hatte ich versucht, alle möglichen Hindernisse im Vorfeld wegzuräumen: Das Kind war, soweit ich das beurteilen konnte, ausgeschlafen, außerdem frisch gestillt und gewickelt. Mein eigener Schlaf war nach wie vor eine Katastrophe – aber der Rest sollte passen. Ich wollte unbedingt verhindern, dass mein Baby während des Abholens schreit. Babygeschrei zündet alle meine Nerven in der Geschwindigkeit und Intensität eines Silvesterfeuerwerks in Berlin-Neukölln an, und wenn dann noch mein Kleinkind einen Wutanfall bekommen würde, weil es in der Garderobe der Kita mal wieder die Schuhe eines anderen Kindes anziehen will, wäre die Katastrophe perfekt. Genauso hatte es sich in den vergangenen Wochen schon zig Mal abgespielt und mir den letzten Nerv geraubt. Bitte, bitte, bitte, lass es dieses Mal anders laufen, dachte ich. Aber es kam, wie es kommen musste.

In der Garderobe des Kindergartens meckert mein Sohn erst ein paar Mal, dann fängt er aus Leibeskräften an zu schreien. Hunger ist es nicht, Müdigkeit kann es auch nicht sein, vielleicht hat er einfach keine Lust mehr, in seinem tragbaren Autositz zu hocken. Aber das ist ein Problem, das ich in diesem Moment nicht lösen kann. Denn mit uns im Raum ist meine Zweijährige, die es überhaupt nicht einsieht, dass ich ihr eine Jacke anziehen will.

Im Kopf gehe ich die Optionen durch, um den Eiertanz über die Bühne zu bekommen: Ich kann das Baby aus dem Sitz nehmen und trösten, aber wenn ich es dann ablege, weint es direkt wieder los. Mit Baby im Arm kann ich meine Tochter aber nicht anziehen. Die Trage fürs Baby hat mein übermüdetes Hirn natürlich zu Hause vergessen; so viel zur perfekten Vorbereitung. Ich könnte auch meine Tochter anmotzen, dass sie jetzt sofort in ihre Schuhe und Jacke schlüpfen müsse. Nur dann hätte sie mindestens auf der Rückfahrt schlechte Laune und ich den Rest des Tages ein schlechtes Gewissen.

Was meine Zweijährige in diesem Moment bräuchte, wären meine Zeit, Geduld und Fürsorge. Doch woher soll ich all das nehmen, wenn das acht Wochen alte Baby aus Leibeskräften schreit? Woher soll die innere Stärke kommen, um in so einem Augenblick liebevoll und ruhig zu bleiben? Hast du schon mal versucht, etwas in Ruhe zu erledigen, wenn neben dir ein Baby schreit? Das ist so, als würdest du versuchen, eine komplizierte Matheaufgabe zu lösen, während neben dir eine Bombe tickt. „Hoher Cortisolspiegel" ist gar kein Ausdruck. Die Situation übermannt mich so sehr, dass ich wie gelähmt bin.

Solche Momente führen mir immer wieder vor Augen, warum sich vorher niemand vorstellen kann, wie es *wirklich* ist, Kinder zu haben. Es sind diese kleinen Momente des Alltags, in denen es nur darum geht, eine Jacke anzuziehen und rauszugehen. Keinen müden Gedanken verschwendet man kinderlos an diese Situation. Stattdessen zieht man sich einfach die Jacke an. Fertig. Mit Kindern allerdings werden solche Kleinigkeiten zu einem logistischen Großprojekt.

Ich stehe also in der Garderobe zwischen meinen zwei schreienden Kindern und mache das Einzige, was mir noch übrig bleibt: Ich versuche, ruhig zu atmen. Betonung auf „versuche". Es klingt eher wie ein gepresstes Schnauben. Ich spüre, wie mir die Tränen in die Augen steigen. Doch dann steht plötzlich die Rettung in der Tür – in Form einer anderen Mutter. Ihr jüngster von zwei Söhnen ist in der Kitagruppe meiner Tochter. Wir kennen uns nur vom Sehen, haben in den vergangenen anderthalb Jahren vielleicht fünf Sätze gewechselt. Jetzt hat sie mit einem Blick die Situation erfasst und sagt – nichts.

Stattdessen beginnt sie, mit mir zu atmen. Mit jedem Atemzug hebt und senkt sie ihre Arme. Drei, vier Atemzüge lang geht das so. Dann beginnt sie zu reden: „Ganz ruhig. Ich weiß genau, wie du dich fühlst. Es wird besser. Irgendwann wird es besser", sagt sie. „Versprochen?", frage ich verzweifelt. Und ja, ich klinge in diesem Moment genauso klein und hilflos, wie du dir das vermutlich gerade vorstellst. „Versprochen", antwortet sie, nickt mir noch einmal zu und geht den Flur hinunter, um ihren Jüngsten abzuholen.

Wie wir nach Hause gekommen sind an diesem Nachmittag, weiß ich nicht mehr. Aber die Erste-Mama-Hilfe, die die andere Mutter an dem Tag geleistet hat, werde ich nie vergessen. Sie hätte an mir vorbeilaufen und mich höflich ignorieren können. Sie hat ja selbst genug um die Ohren. Aber sie ist stehengeblieben. Sie hat mir keine Vorhaltungen gemacht, meine Situation nicht kleingeredet. Sie, eine im Grunde fremde Person, hat mich in diesem Moment aufgefangen. Wahrscheinlich bleibt es dabei. Wahrscheinlich treten wir nie wieder in einen so innigen Kontakt. Macht nichts. Nicht jede besondere Begegnung muss eine Freundschaft werden.

Ich, die frischgebackene und überforderte Zweifach-Mama, brauchte in diesem Moment genau sie: die erfahrene Zweifach-Mama, die alles schon durchgemacht hat. Die wusste, wie es ist, wenn zwei Kinder an einem zerren, während man sich selbst mit einem übermüdeten Matschkopf durch den Tag schleppt.

Mütter brauchen andere Mütter: als Verbündete. Sich die Mutterrolle zu eigen zu machen, ist harte Arbeit. Auf dem Weg wird die eigene Persönlichkeit auseinandergenommen und muss Schritt für Schritt neu zusammengesetzt werden. Das ist schön, aber auch brutal. Es schmerzt, sich von seinem alten Leben zu verabschieden. Das neue Leben lässt einem kaum Zeit, innezuhalten und die neue Realität zu reflektieren. Wir Mütter sind gedanklich immer schon beim nächsten Schläfchen, der nächsten Windel und hundert weiteren To-dos. Ein Mensch, dem wir all das nicht erklären müssen, ist ein Geschenk. Keiner sonst kann nachempfinden, warum wir in einem Moment heillos überfordert, wütend sind und im nächsten davon schwärmen, wie wunderschön es ist, Mutter zu sein. Das kann nur eine andere Mutter.

Am Ende dieses Kapitels gibt es keine Tipps, sondern einen kleinen Appell:

Begegne einer anderen Mutter mit so wenig Vorurteilen wie möglich. Vielleicht braucht sie auch gerade Hilfe, so wie ich sie in der Kita dringend gebraucht habe. Vielleicht hat sie schon hundert Wutanfälle ihres Kindes liebevoll begleitet, bevor sie in deiner Gegenwart die Nerven verloren hat. Vielleicht ist sie seit Tagen krank, erlaubt sich aber keine Verschnaufpause, weil ihr Kind sie braucht. Vielleicht weiß sie noch nicht, wer sie als Mutter sein möchte, und hat zu allem Überfluss vergessen, wer sie selbst ist. Es ist an Ironie kaum zu überbieten, dass ausgerechnet Mütter sich gegenseitig oft für die kleinsten Lappalien verurteilen. Lasst uns mit diesem Quatsch aufhören.

Und zum Schluss: Gut ist wirklich gut genug

Wir sind kurz davor, unsere Dehnungsstreifen wieder einzupacken und die Hosen hochzuziehen. Einen Gedanken möchten wir aber noch loswerden, bevor wir dich aus diesem Buch entlassen. Das ist etwas, das wir gerne predigen, aber oft selbst nicht hinbekommen.

Und zwar möchten wir dir sagen: Mach mal halblang, Mama.

Unser Buch heißt nicht umsonst so. Hier kann und will niemals jemand perfekt sein. Wir haben nur eine Auswahl unserer Herausforderungen mit dir geteilt und wir haben dir Tipps gegeben, die wir selbst nicht immer befolgen. Auch heute noch kommen wir regelmäßig an den Punkt, an dem wir uns fragen: „Oh Mann, ich habe als Mama doch schon so viele Erfahrungen gesammelt. Wieso bin ich schon wieder an meine Grenzen gekommen?“

Die Antwort: weil wir als Eltern nie auslernen. So bürokratievernarrt Deutschland sein mag, du wirst nie eine Bescheinigung bekommen, die dir sagt: „Du bist jetzt ein fertig ausgebildetes Elternteil. Stempel drauf, tipptopp, auf Wiedersehen." Wird nicht passieren. Und das ist etwas Gutes.

Denn wir dürfen unseren hohen Anspruch loslassen, fehlerfrei zu sein. Unsere Kinder werden größer, unsere Herausforderungen ändern sich – wir können nur versuchen, die Wellen so zu nehmen, wie sie kommen.

Gut ist wirklich gut genug. Du bist gut genug.

Danksagung

Der größte Dank gilt unseren Ehemännern – dafür, dass ihr all unsere Ideen kompromisslos unterstützt, uns aushaltet, wenn wir im Tunnel des nächsten Großprojektes verschwinden und dafür, dass ihr uns den Rücken freihaltet, während der Alltag mit Kindern ganz normal weiterläuft.

Wir danken unseren Freunden und Familien, die all unsere Schritte verfolgen und uns ehrliches Feedback geben.

Zum Schluss danken wir den kleinsten Menschen in unserem Leben, die den größten Einfluss auf uns haben: unseren Kindern. Dafür, dass das Leben mit euch trotz aller Herausforderungen einfach fantastisch ist.

Quellen

1 Statistisches Bundesamt (2024): Das erste Kind kommt immer später. https://www.destatis.de/Europa/DE/Thema/Bevoelkerung-Arbeit-Soziales/Bevoelkerung/Alter-bei-Geburt.html#:~:text=In%20Deutschland%20stieg%20das%20Durchschnittsalter,%3A%2030%2C1%20Jahre [zuletzt geöffnet: 25.03.2024].

2 Wölfler, Monika Martina (2021): Fertilität – Mythos und Realität. Journal für Klinische Endokrinologie und Stoffwechsel, S. 11-19.

3 Deutscher Bundestag (2023): Datenlage zu Fehlgeburten in Deutschland. www.bundestag.de/resource/blob/966288/a08e859af024345cc8b87420d61acfcf/WD-9-054-23-pdf-data.pdf [zuletzt geöffnet: 27.03.2024].

4 Boorman R et al. (2014): Childbirth and criteria for traumatic events. Midwifery.

5 Deutsches Ärzteblatt (2020): Rund vier Prozent der Mütter entwickeln nach der Geburt eine posttraumatische Belastungsstörung. https://www.aerzteblatt.de/nachrichten/109514/Rund-vier-Prozent-der-Muetter-entwickeln-nach-der-Geburt-eine-posttraumatische-Belastungsstoerung [zuletzt geöffnet: 24.03.2024].

6 David Richter, Michael D Krämer et al. (2019): Long-term effects of pregnancy and childbirth on sleep satisfaction and duration of first time

and experienced mothers and fathers. Sleep Research Society. https://academic.oup.com/sleep/article/42/4/zsz015/5289255?guestAccessKey=158ecc77-f6df-4752-89c5-55d22107609c&login=false [zuletzt abgerufen: 25.03.2024].

7 Sabine Winkler (2022): Das passiert mit deinem Körper, wenn du zu wenig schläfst. WELT. https://www.welt.de/kmpkt/article231689897/Schlafmangel-Das-passiert-mit-deinem-Koerper-wenn-du-zu-wenig-schlaefst.html [zuletzt abgerufen: 25.03.2024].

8 Milena Zwerenz (2020): "Mom Guilt": Von dem Gefühl, niemandem gerecht zu werden. In: Ze.tt. https://www.zeit.de/zett/2020-05/mom-guilt-von-dem-gefuehl-niemandem-gerecht-zu-werden [zuletzt geöffnet: 24.03.2024].

9 Karen Frankel Heffler, MD, Binod Acharya et al. (2024): Early-Life Digital Media Experiences and Development of Atypical Sensory Processing. https://jamanetwork.com/journals/jamapediatrics/article-abstract/2813443 [zuletzt geöffnet: 25.03.2024].

10 Ippei Takahashi, Taku Obara, et al. (2023): Screen Time at Age 1 Year and Communication and Problem-Solving Developmental Delay at 2 and 4 Years. https://jamanetwork.com/journals/jamapediatrics/fullarticle/2808593 [zuletzt geöffnet: 25.03.2024].

11 Bundeszentrale für gesundheitliche Aufklärung (2019): Digitale Medien mit Augemaß nutzen. https://www.bzga.de/aktuelles/2019-12-03-digitale-medien-mit-augenmass-nutzen/ [zuletzt geöffnet: 25.03.2024].